NFT&
メタバース
入門

石坂勇三

イースト新書Q
Q091

はじめに

「ＮＦＴ」と「メタバース」がテレビや新聞などで話題になってからだいぶ月日が経ちました。２０２１年当時は「ＮＦＴを売ることで数億円が手に入った」や「近い将来は１日の大半をメタバースで過ごすようになる」などの誰もが興味がわくような話題で賑わっていました。それまで誰も知らなかったＮＦＴとメタバースが大ブームとなったのです。

そして２０２３年の「今」はどうでしょうか――当時のような熱狂ぶりと比べれば少し停滞したように感じるかもしれません。ただ、ＮＦＴやメタバースが世間に浸透し始めています。「ＮＦＴを買うにはどうすればいいの？」「メタバースを始めるにはＶＲゴーグルとＰＣ、スマホのどれを使えばいいの？」といった声を多く聞くようになりました。ＮＦＴとメタバースは新語・流行語のひとつとしてニュースで情報を得るのではなく、自らが体験しようとする段階までステップアップしたのです。

世間に浸透しているという意味で大きなトピックがあります。それはＬＩＮＥや楽天がＮＦＴの取扱いを開始したことです。日常的に使うサービスを提供する企業が、ＮＦＴを盛り上げようと模索しています。国内大手が参画することの影響は大きく、購入者の裾野を広げるきっかけとなっています。

ただ、どちらも新しいテクノロジーということもあり、興味があっても手を出すのに抵抗がある人もいるのも事実です。特にNFTの場合は「ブロックチェーン」「イーサリアム」「スマートコントラクト」などの聞きなれない専門用語がかなり出てきます。専門用語を詳しく知らなくてもある程度までは太刀打ちできますが、本格的な売買を始めるとなるとつまずく場面がでてきます。まだコンビニ感覚で買えるほど手軽ではないからです。

そこで本書は、NFTやメタバースの知識がなくても基本が身に付くことを目指して構成しています。難解な専門用語はスッと頭に入りやすいように、丁寧に解説しています。1つ注意していただきたいのは、本書の内容はNFTやメタバースの開発者に向けた「技術解説」や「ビジネスのノウハウ」ではないということです。その点はご了承ください。あくまでNFTやメタバースに興味があり、基本的な知識を得たい人の入門書になります。または明日ビジネスの現場で役に立つかもしれないうんちくです。NFTとメタバースを最初に知るうえでの読み物としてお楽しみいただけると幸いです。

石坂　勇三

第2章 NFTを支える技術 …… 39

第3章　NFT活用の「今」　61

第4章 NFTの買い方・売り方 …… 95

第5章　メタバースの基本

第6章 メタバース活用と「未来」……157

第1章

NFTの基本を知る

01

NFTはデータに金銭的な価値を付ける技術

画像などのデジタルデータがコピー（複製）できることはご存じでしょう。データをバックアップするという意味でのコピーは重宝しますが、希少性が求められるデジタルアート作品などにとっては、コピーできることが逆に不都合になります。多数のコピーが出回ることでオリジナルの存在がわかりにくくなり、量産された結果、オリジナルの価値が暴落することもあり得ます。コピーができるという理由から、これまでデジタルアート作品に希少価値を付けることが難しいとされてきました。

ところが、ＮＦＴという技術によって風向きが変わりました。大量のコピーの中からでも「オリジナルはどれか？」「現在の保有者は誰か？」をＮＦＴの技術で判別できるのです。コピー作品（贋作）がオリジナルを装っていても見抜くことができます。デジタルデータに希少価値を付けることがＮＦＴによってできるようになりました。現在ＮＦＴで作られたアート（ＮＦＴアート、クリプトアート）は高額で取引されているものも多くあります。

NFTとは「ノンファンジブルトークン」という3つの英単語の頭文字をつなげた略語で、「非代替性トークン」を意味しています。聞きなれない用語かもしれませんが、非代替性は「希少性があり、ほかのモノと交換できない」、トークンは「お金に相当するもの」。そしてNFTはデジタルデータに対して適応できる技術です。これらを整理すると、NFTは「希少性があってお金のように価値があるデータ」となります。

希少性がある物理的なモノには何があるでしょうか。例えば、誰でも知っている有名な紙の絵画であれば、億単位での取引も少なくありません。大会の優勝者だけがもらえる紙のトレーディングカードならいくらお金を積んでもいい、という熱心なゲームファンもいるでしょう。こういった価値があるモノの取引をデジタルの世界で実現できるようにしたのがNFTという技術です。

注意しなければいけないのは、NFTを購入しても法理的な意味での「所有権」を得られるわけではないということです。現行法で所有権が認められるためには物体として存在している必要があり、NFTのような物体のないデジタルデータは所有権を付与する対象となっていません。きちんと法律で定められている仮想通貨に比べると、NFTの法律については未整備の状態なのです。とはいえ、「マーケットプレイス」での売買などによってNFTの保有者は人から人へと移るため、本書では所有権の代わりに「保有権」、所有者の代わりに「保有者」と表現しています。この点をご理解して読み進めていただけると助かります。

NFTの著作権についても触れておきましょう。著作権はデジタルデータでも作者に付与されます。作者はNFTを売却したときに著作権を譲渡する場合もありますが、著作権を帰属したままにするのが一般的です。NFTを購入しても著作権を得られないということは、保有するNFTを著作権者の許可なしで「購入したNFTを商品パッケージにする」「商品の広告塔にする」などのいわゆる商用利用ができないということです。保有するNFTの用途はあくまで個人利用に限ります。こういった禁止事項についてはマーケットプレイスの利用規約などを確認しておくといいでしょう。

著作権者である作者は、NFTを販売する際に購入者が無断利用しないように注意喚起をすることも大切です。例えば、販売ページに「作品の著作権は譲渡しません」「用途は個人利用に限ります」「商用利用は禁止します」と記載したほうがいいでしょう。

02 誰でもNFTを発行・販売できる

NFTで収入を得る代表的な方法は、NFTを販売することです。NFTが売れることで販売金額を受け取れます。誰もが買い手にも売り手にもなれることがNFTの面白いところです。

NFTの販売方法は主に2つあります。1つは自分の作品をNFT化して「マーケットプレイス」と呼ばれるウェブサービス（ウェブ市場）で売る方法です。データをNFTに変換する作業が必要で、この変換作業のことを「NFTを発行する」「ミントする」（鋳造するという意味）と言います。作品が元からデータの場合はスムーズにNFTを発行できますが、紙の絵画などのアナログ作品の場合は、先に紙をスキャンしてデータ化してからNFTを発行します。

自分の作品を販売するときは、マーケットプレイス上に作品データをアップロードしてNFTを発行します。作品についての紹介文を書き、販売価格を設定すると販売が開始されます。作品が売れた場合は、販売価格からマーケットプレイスへの手数料を差し引いた金額を受け取れます。手数料はマーケットプレイスごとに異なり、無料にしていることもあります。海外の代表的なマーケットプレイスの「オープンシー」の場合は、通常販売価格の2・5％を支払いますが、2023年2月より期間限定で手数料を無料にするキャンペーンを実施しています。海外は手数料を無料または格安にするマーケットプレイスが増えており、オープンシーが市場の変化に合わせた形です。

もう1つは二次販売です。二次販売とは購入したNFTを再出品し、それが売れることで二次販売者などが収入を得られる仕組みのことです。マーケットプレイスでNFTを購入すると、そのNFTの保有権が出品者から購入者に移ります。保有権を得ていれば二次販売することが可能です。この方法は自分で作品を作ったりNFTを発行したりする必要がありません。

購入したNFTに人気がある場合は、二次販売で元値よりも高く売れることもあります。NFTを1000円で購入した場合は、1500円で再出品して買い手が付けば500円の利益です。うまくいけば、利益を出すことが可能です。ただし、手数料が有料のマーケットプレイスの場合は、二次販売の場合も販売手数料がかかるので、手数料がかかることを考慮して販売価格を設定する必要があります。

03 NFTの転売で作者は損をしないのか？

NFTの二次販売についてさらに詳しく見ていきましょう。二次販売は「二次流通」「二次出品」とも呼ばれますが、表現方法はマーケットプレイスによって異なります。いずれも購入したNFTを再出品して販売することです。多くのマーケットプレイスが二次販売の機能を実装しています。

「二次販売って転売のことか？」と思う人もいるでしょう。モノを転売していると聞くと、少しネガティブなイメージを持つ人もいるかもしれませんが、NFTの二次販売はそれとは異なります。NFTの二次販売は一次販売（作者、クリエーター）とマーケットプレイスの両方に許可された制度です。「NFTは転売OK」というのが業界で定められたルールになります。

NFTの二次販売は、一般的なモノの二次販売とは性質が大きく異なります。その最たるものが売上金の分配です。二次販売のNFTが売れた場合は、二次販売者はもちろん、一次販売者である作者も売上金の一部を受け取れます。三次販売、四次販売…と同じNFTの売買が繰り返されると、作者はその都度売上金を受け取れます。二次販売は作者にとっても大きなメリットがあります。

作者が二次販売の売上金を受け取れるのは、マーケットプレイス側が「ロイヤリティ」機能を実装しているからです。ロイヤリティは、作者がロイヤリティのパーセンテージを自由に設定できる場合と、マーケットプレイス側でパーセンテージを固定している場合があります。国内マーケットプレイスの「NFTスタジオ」では、作者が任意でロイヤリティを設定することができず、一律5％の支払いになります。

しかし、海外ではロイヤリティを撤廃しようとする動きが強まっています。「ブラー」は、ロイヤリティの支払いを強制ではなく任意とし、「Ｓｕｄｏｓｗａｐ」はロイヤリティの機能を実装していません。その結果、ロイヤリティなしが市場の多くを占めるようになりました。「オープンシー」は、従来から作者に5〜10％程度のロイヤリティが支払われるようにしていましたが、競合などの影響により、０・５％を標準にする仕様変更を実施しました（オンチェーンツールを使わない場合）。これまで二次販売でも作者に還元すべきという強い姿勢を見せていたオープンシーでしたが、ロイヤリティを下げたことは、競争が激化する中での大きな変化と捉えられています。

04 NFTと仮想通貨の違いを知ろう

ＮＦＴと一緒に語られることが多いのは仮想通貨（暗号資産）です。ＮＦＴと仮想通貨はどちらもトークン（お金のようなもの）の一種ですが、同じトークンの仲間でも中身は大きく異なります。その違いを整理していきましょう。

仮想通貨は物理的な形状がなく、データ上で取引される通貨のことです。「ビットコイン」や「イーサリアム」が代表的です。仮想通貨という名称になじみがある人は多いかと思いますが、２０１９年の法改正によって仮想通貨から暗号資産へと呼び方が変わりました。ただ、暗号資産という呼び方では通貨であることがわかりにくいので、便宜上の表現で仮想通貨と呼ばれています。

ＮＦＴと仮想通貨の共通点は、管理に「ブロックチェーン」を活用していることです。ブロックチェーンとは複数のコンピューターの協力によって実現可能なデータベースの管理方法のことです。取引履歴がすべてブロックチェーン上に記録され、データの改ざんが困難、システムがダウンしにくいなどの特徴があります。ＮＦＴはデータそのものが手元にあったとしても、保有者の情報などはブロックチェーン上にあります。

両者の違いを知るには関係性が重要です。仮想通貨はあくまで「通貨」であり、一方のＮＦＴは「仮想通貨で購入する対象」です。お互いトークンであったりブロックチェーン上で管理されていたりなどの共通点はありますが、目的が大きく異なります。

そのほかの理由として、分割できるか否かが挙げられます。1ビットコインは0・5と0・5の2つに分けたり、0・1ずつに分けたりもできます。1000円を500円と500円にしたり、すべて100円にしたりすることと同じです。仮想通貨は分割できます。

一方のNFTは分割不可が原則です。NFTのアートやトレーディングカードを2つに分割したとしたら、価値そのものがなくなってしまいます。

05 2021年にNFTが大流行した理由

日本国内では2021年にNFTという用語が浸透しました。その年の「ユーキャン新語・流行語大賞」においてNFTがノミネートされたほどです。惜しくもトップ10には入りませんでしたが、それを機会にNFTのことを知ったという人も多かったでしょう。

なぜNFTが流行したかというと、この年はNFTの高額取引が連発したことが大きな要因となっています。その象徴的な事例が2021年3月にクリスティーズで行われたオンラインオークションです。米国のアーティストであるビープル氏が13年以上の月日をかけ、約5000枚のデジタル画像をコラージュして制作されたアート作品が6930万ドル（当時で約75億円）で落札されました。これは当時のデジタルアート作品の取引で最高額を記録しました。このことはクリスティーズのツイートなどで広く拡散され、オークションやアート関係者のみならず多くの人が知ることになりました。国内でもネットニュースやテレビなどでも取り上げられました。

ここで注目されたのは75億円という価格のインパクトだけでなく、NFTに基づいて作られたNFTアートだったことです。NFTアートが正当な評価を受け、オークションハウスで取引されたことも多くの人の関心を集めました。それまではNFTの知名度は低かったものの、ビープル氏の作品がNFTの存在感を強く示す結果となりました。

同3月にツイッターの創業者の一人であるジャック・ドーシー氏のツイートがオークショ

ンに出品され、約290万ドル（当時で約3億1000万円）で落札されたことも大きな話題となりました。ツイートは「ちょうど自分のツイッターの設定が完了した」という旨の世界初のツイートです。購入者は世界中に利用者がいるツイッターの初ツイートに価値があると判断したようです（その後、購入者が二次販売をして価値が大暴落したことも話題になりました）。高額取引されたトレーディングカードの例では「NBAトップショット」が有名。トッププレーヤーのレブロン・ジェームズ氏のダンクシーンを切り取ったカードなどは2000万円超になりました。

06 NFTの起源は2014年の「クアンタム」

NFTは2021年に広く知られるようになりましたが、存在自体はもっと古くからありました。ここではNFTの歴史をひも解いていきましょう。

初めてのＮＦＴ作品は、２０１４年にケビン・マッコイ氏が発表した「クアンタム」とされています。当時はＮＦＴという用語はなく、「マネタイズされた画像」と呼ばれていました。ＮＦＴを発行する技術は開発されていませんでしたが、ブロックチェーンを利用してＮＦＴが作成されたという点では現在のＮＦＴと同じです。

ＮＦＴが作成できるようになったのは、「ＥＲＣ－７２１」規格が公開されてからです。この規格はイーサリアムネットワークのブロックチェーン上にＮＦＴを発行したり、ＮＦＴの売買をできるようにするもの。一般的にＥＲＣ－７２１または後継規格の「ＥＲＣ－１１５５」で発行されたトークンのことをＮＦＴと呼びます。

ＮＦＴのコンテンツが増え始めたのも、ＥＲＣ－７２１が公開された２０１７年以降です。デジタルの猫を繁殖させて取引するゲーム「クリプトキティーズ」や、24×24ドットのＮＦＴアート「クリプトパンクス」などがリリースされました。当時はクリプトキティーズが盛り上がり、デジタルの猫がマーケットプレイスなどで取引されました。

２０２１年になると一部のＮＦＴアートに人気が集中し、価格が高騰しました。代表的な作品は「ボアードエイプヨットクラブ（ＢＡＹＣ）」です。類人猿をモチーフにした作品で、「ジェネラティブＮＦＴ」という作成技法が用いられています。この技法は目や口、髪型などの顔のパーツ、メガネや帽子などの装飾品、背景の色を機械的にミックスすることで、異なるデザインのＮＦＴを作り出せます。ＢＡＹＣも１万点が作られました。ミュージシャンのポスト・マローン氏やエミネム氏、バスケットボール選手のステファン・カリー氏が購入したことで人気に火が付きました。人気の過熱ぶりはとどまることを知らず、１作品で１億円を超えることも少なくありません。

現代アート作家の村上隆氏が制作した「クローンＸ」も高値で取引されているＮＦＴの１つです。出品されているのは約２万点の３Ｄのキャラクター（アバター）です。ＢＡＹＣと同様にジェネラティブＮＦＴの手法が用いられています。村上隆氏はパーツのデザインを担当しています。

07

ＮＦＴは２０２２年になって失速している？

　ＮＦＴの市場規模はどのぐらいになるのでしょうか。ここでは各種データでＮＦＴの市場規模を分析しました。

　ＮＦＴが発行されるようになった２０１７年以降は、少しずつ市場が拡大をしていきました。それが２０２１年になってからＮＦＴブームが到来し、取引額が跳ね上がり、一気に巨大市場へと変容しました。

　ノンファンジブル・ドットコムのレポートによると、全世界での２０２１年の取引総額は、１７６億ドル（当時の日本円で約２兆円）に達し、２０２０年の取引総額の２００倍とされています。取引額を見るだけでも２０２１年のＮＦＴブームの盛り上がりをうかがえる結果となりました。

　２０２２年の当初はさらなる市場規模の拡大が見込まれていましたが、一転して市場は沈静化に向かいました。マーケットプレイスの最大手であるオープンシーも売上高が５カ月連続で減少しました。その理由として挙げられるのがＮＦＴと関係性の高い仮想通貨の暴落です。ビットコインは２０２１年に１ＢＴＣが７００万円を突破しましたが、１年を通じて価格が下がり続け、２０２３年初頭は２３０万円前後で推移しています。イーサリアムも１ＥＴＣが50万円程度だったのが、一時期は14万円台まで落ち込みました。

仮想通貨の価格急落の原因は複数ありますが、その１つが各国のインフレ対策によるものです。米国の中央銀行に相当する「ＦＲＢ（連邦準備制度理事会）」による金利引き上げにより、仮想通貨の価格が暴落しました。また、仮想通貨取引所の大手であった「ＦＴＸ」が経営破綻し、仮想通貨への不安が広がったことも暴落の原因となりました。今後は詐欺やマネーロンダリング、テロリストへの資金流出を防ぐための法規制が整備された際に、暴落が起こるとの予測もされています。

２０２３年以降はＮＦＴの市場規模が再拡大する可能性は十分にあります。以降で詳しく解説しますが、これまでは「プレイトゥアーン」（ＮＦＴゲーム）は知る人ぞ知る存在でしたが、２０２３年には多くのゲームタイトルがリリースされる見込みです。プレイトゥアーンのユーザー数増加は市場規模拡大に大きく貢献するでしょう。また、実際に歩いて暗号通貨を稼ぐ「ムーブトゥアーン」のサービスも話題を集めています。いずれにせよ新規ユーザーの獲得こそが市場規模拡大のカギとなるでしょう。

08 海外セレブが買い漁る「PFP」って何？

ここまで高値で取引されているジェネラティブNFTをいくつか紹介しました。その代表格であるクリプトパンクスやBAYC（ボアードエイプヨットクラブ）は、「PFP」と称されることもあります。PFPは「プロフィールピクチャ」または「プロフィールフォト」の略で、プロフィールアイコンに使われる画像のことです。ツイッターやインスタグラムなどのSNSのプロフィール画像にPFPが使われています。ここではPFPについて詳しく見ていきましょう。

NFTをPFPにするのは海外のセレブを中心に流行っています。BAYCは、ミュージシャンのジャスティン・ビーバー氏やエミネム氏、スヌープ・ドッグ氏、音楽プロデューサーのティンバランド氏、司会者のジミー・ファロン氏、女優のグウィネス・パルトロー氏、実業家のパリス・ヒルトン氏、バスケットボールプレーヤーのステフィン・カリー氏などが購入しています。国内ではEXILEのメンバーである関口メンディー氏が2021年10月に購入したことで注目を集めました。エイベックス代表取締役会長の松浦勝人氏もBAYCのオーナーの一人です。

セレブがPFPに熱狂する理由は何でしょうか。投資としての意味合いで購入しているケースもあるでしょうが、多くのセレブは自身のステータスを示す手段の1つとして購入しているようです。高級なブランド品の衣類や装飾品などで自身を着飾るのと同じで、成功者であることを示すための表現方法としてNFTが活用されています。多くのPFPを所持していることは、高級車を何台も所持していることと同義なのかもしれません。

有名人がPFPを所持することは提供元にも大きなメリットがあります。SNSのプロフィール画像に設定することで、NFTの存在や価値をアピールしてもらえるからです。例えば、ジャスティン・ビーバー氏のインスタグラムのアカウントは2億8000万人のフォロワーがいます。フォロワーなら一度はＰＦＰを見たことがあるでしょうし、拡散されることでフォロワー以外が目にする可能性もあります。有名人によるＰＦＰの利用は計り知れない宣伝効果があると言えるでしょう。

09「エックストゥアーン」が世界的なトレンドに

２０２２年のＮＦＴ業界は２０２１年ほどの賑わいはなかったものの、「エックストゥアーン」というキーワードが話題となりました。エックストゥアーンは「Ｘをすることでで ＮＦＴや仮想通貨をもらえる」という意味です。細かく分類すると「プレイトゥアーン」（ゲームをプレイして稼ぐ）、「ムーブトゥアーン」（体を動かして稼ぐ）、「スリープトゥアーン」（寝て稼ぐ）、「ラーントゥアーン」（学んで稼ぐ）などがあります。これらのＮＦＴを活用した新しいお金の稼ぎ方に注目しましょう。

特に話題となったのはムーブトゥアーンの「ステップン」というサービス（スマホアプ

リ）です。これは２０２１年に開始されたサービスで、スマホにステップンをインストールし、スマホを持ってランニングやウォーキングをすると報酬として仮想通貨の「ＧＳＴ」を稼ぐことができるというもの。参加するにはアプリ上でＮＦＴ化されたバーチャルスニーカーを購入する必要があり、保有するスニーカーのレベルや数によって報酬が増える仕組みです。ウォーキングをしながら仮想通貨を稼げるということで、テレビのニュースなどでも紹介されました。

ステップンは「ソラナブロックチェーン」上で構築されています。そのためＮＦＴスニーカーはソラナブロックチェーンの通貨である「ソル」（ＳＯＬ）で購入します。バージョンアップが施されて「ＢＳＣブロックチェーン」などの新しいブロックチェーンにも対応しました。

ＮＦＴスニーカーは、歩く用、軽く走る用、早く走る用と、歩いても走ってもＯＫなオールマイティタイプの計４タイプがあります。その中からいずれかを購入する必要があります。そのスニーカーの適正速度で移動すると仮想通貨がもらえます。適正スピードで移動していない場合は報酬が発生しないので注意が必要です。スニーカーの価格はＳＯＬの価格変動によっても異なりますが、仮想通貨の手数料などを含めると一足5万円～10万円程度と見ておきましょう。

ただし、ステップンで安定して、儲けを出すにはそれなりの苦労が生じます。初期投資を回収するだけでも長期間続けないといけません。初期費用を回収できないままサービスが終了してしまう可能性もゼロではありません。ステップンを含めたエックストゥアーンは発展途上のサービスであるため、リスクがあることを覚悟して始める必要があります。

なお、ムーブトゥアーンの次に来ると期待されているのがスリープトゥアーンです。これは名前の通り、睡眠をとることで仮想通貨を得られるという仕組みを採用しており、複数のプロジェクトが企画されています。ウェアラブル機器やスマホアプリを使って睡眠時間や睡眠の深さを計測し、あらかじめ設定した時間に起床すると、報酬として仮想通貨をもらえます。

10 米国の掲示板「レディット」でNFTが爆売れ

海外で人気のソーシャルメディアサービス「レディット」のNFTが注目を集めたのも2022年のトピックの1つです。同年12月にはレディットのNFTの発行数が500万を超え、その勢いは留まることを知りません。レディットでNFTを初めて購入したという人も多くいるため、レディットはNFTの保有者数の増加に大きく貢献したと言えます。

国内でレディットの知名度がそこまで高くないので「レディットって何？」という人もいるでしょう。レディットは2005年に開設された米国発祥のネット掲示板サービスです。掲示板にはニュースやスポーツ、趣味などの話題が投稿されており誰でも閲覧可能です。パスワードを設定して専用のアカウントを作ると掲示板に投稿できるようになります。海外版の「5ちゃんねる」と言われるとイメージしやすいでしょう。米国のユーザー数が突出して多く、イギリスやカナダのユーザーも多くいます。

人気を集めているレディットのNFTは2022年7月に開始した「コレクティブルアバターズ」シリーズです。このシリーズはアーティストと連携して作成した限定のアバターで、売上金の一部がアーティストに還元される仕組みとなっています。購入者は自身のアカウントのPFP（プロフィール画像）として使えます。プロフィール画像に設定すると、コメント欄の画像が光るなどのエフェクトが施されるようになります。

NFTはイーサリアムと互換性のある「ポリゴン」のブロックチェーン上で発行されています。ポリゴンのブロックチェーンを使うことで、購入時にユーザーにかかる手数料の負担を軽減しています。公式ショップの「コレクティブルアバターズショップ」で販売され、購入後は独自のデジタルウォレットである「ボールト」上で管理します。支払いに仮想通貨を使わず、クレジットカードやデビットカードで購入できるという特徴もあります。二次販売も可能でオープンシーなどで取引されています。

レディットは、コレクティブル・アバターズがNFTであるという説明をしていませんが、NFTで間違いありません。レディットは以前からNFTやブロックチェーンに高い関心を示しており、2021年にも「CryptoSnoo（クリプトスヌー）」というNFTを公開しています。

11　楽天やLINEがNFT業界に参入

国内の2022年のNFTにおける大きなトピックは、楽天とLINEがNFTのマーケットプレイスを開設したことです。マーケットプレイスは海外勢が幅を利かせている中で、誰でも知っている国内の2社がサービスを開始したことで、NFTがより身近な存在となりました。ここでは2つのマーケットプレイスについて詳しく解説します。

「楽天NFT」は2022年2月にサービスを開始しました。ネット通販の楽天市場のアカウントがあればすぐにログインして利用できます。NFTを購入すると楽天グループの共通ポイントである「楽天ポイント」が貯まるのが大きな特徴です。購入したNFTの支払いにはクレジットカードや楽天ポイント、仮想通貨のイーサリアム（ETH）が利用できます。

一方の「LINE NFT」は楽天NFTより少し遅れて4月にサービスを開始しました。

ＬＩＮＥはそれまで「ＮＦＴマーケットβ」というマーケットプレイスを運営していたので、新規参入ではなくサービス名を変えた格好です。ＬＩＮＥのアカウントがあればすぐに利用可能です。ＮＦＴを購入した際の支払いには「ＬＩＮＫ」という独自の仮想通貨と、ＱＲコード決済サービスのＬＩＮＥ Ｐａｙに対応しています。

両者が販売しているＮＦＴは、エンターテインメントのコンテンツが中心です。アニメやマンガ、特撮、イラスト、ゲーム、アイドル、スポーツなどのファンアイテムを取りそろえています。こういった部分がＮＦＴアートを多く取りそろえている海外のマーケットプレイスとは違っている点です。また、一次販売できるのは企業や団体などで、個人の作品を出品することは原則できません。購入したＮＦＴを同サービス内で二次販売することは可能で、外部のマーケットプレイスに持ち出して販売することは不可能です。

ブロックチェーンの利用料である「ガス代」を無料にしていることもユーザーにとっては大きなメリットです。海外のオープンシーなどの基盤であるイーサリアムブロックチェーンを使わず、独自開発のブロックチェーンを基盤とすることで無料化を実現しています。

12 ふるさと納税の返礼品でNFT

国内の新たなＮＦＴの用途として、ＮＦＴがふるさと納税の返礼品になるケースが増えています。ふるさと納税を利用したことがある人は多いかと思いますが、ふるさと納税とは応援したい地方自治体に寄付をすることで、寄付額が税金から控除されたり返礼品をもらえたりする制度です。返礼品といえば食品や電化製品、工芸品などが一般的ですが、ＮＦＴを返礼品にする自治体もあります。

代表的な返礼品の例は、自治体とＮＦＴゲームがコラボを実施し、ゲーム内アイテムを返礼品とするケースです。返礼品のアイテムは、基本的にふるさと納税でしか手に入れられない貴重なものなので、そのゲームをプレイしているなら欲しいと思う人も多いでしょう。自治体の特産品などをモチーフにしたアイテムになっているのもユニークな点です。

ワインの製造で有名な北海道・余市町は、ＮＦＴゲーム「マイクリプトヒーローズ」のアイテムを返礼品にした「余市の宝～北海道余市町名産ワイン～ＮＦＴ」（20万円の寄付）、

「余市町赤ワインNFT」「余市町白ワインNFT」（各3万円の寄付）を提供しました。購入した返礼品のアイテムはマイクリプトヒーローズ内のキャラクターに装備させると、ステータスをアップさせることができます。

兵庫県・加西市は、NFTカードゲーム「クリプトスペルズ」とのコラボを実施しました。返礼品は加西市のシンボルである気球と鉄道をモチーフにしたトレーディングカード（各3万円の寄付）で、ゲーム内アイテムとして利用できます。イラストはやしろあずき氏が描き下ろしています。

ふるさと納税限定のNFTアートを提供する自治体もあります。大阪府・泉佐野市のNFTアート「いずみさのNFT」（12万円の寄付）は、顔のパーツなどを機械的に組み合わせて自動生成するジェネラティブNFTの技法で作られています。デザインはNFTアーティストのあめちゃんが担当。あめちゃんは「Kawaii Girl NFT」というNFTプロジェクトのイラストを制作しています。

また、和歌山県・みなべ町と茨城県・桜川市は、NFTアートと地域の特産品のセットを返礼品するというユニークな取り組みを行っています。

第2章

NFTを支える技術

13 NFTの目的はデータの保有権を得ること

前章ではNFTがデータに対して保有権を付与する技術であることを説明しました。ここではNFTの保有権について深掘りしていきます。

NFTを購入したり販売したりするときは、取引相手との契約が発生します。法令に基づく契約ではありませんが、NFTを購入した際は取引相手と契約を交わすことで保有権を得ることができます。同様に保有するNFTを手放すときは、購入者に保有権を譲渡するという契約を交わします。相手から無料でNFTをもらえる場合でも契約が必要になります。NFTの保有者が変わるときは必ず契約が発生すると覚えておきましょう。

NFTの契約は紙の契約とは仕組みがだいぶ違います。紙の契約は、契約者本人が立ち会って手続きをするのが必須です。一方のNFTの契約は、ブロックチェーンに搭載されている「スマートコントラクト」という機能で自動化しているため、当事者が手続きのために立ち会う必要がありません。ここではスマートコントラクトの契約機能に絞って解説していますが、スマートコントラクトはブロックチェーン上でアプリを実行するための機能の総称です。

ＮＦＴの契約書は、取引履歴などとセットにしてブロックチェーン上で保管されます。紙の契約書のように契約者本人が所持し、金庫などに入れて大切に保管するわけではありません。契約書が手元にないため、契約内容を後から確認するときはオンライン上で参照します。

これで契約書の保管先は理解できたかと思います。しかし、「購入したＮＦＴのデータはどこに保存されるの？」と疑問を持つ人もいるでしょう。ここも重要なポイントで、データはブロックチェーンとは別の場所（サーバー）に保存されます。契約書とデータをブロックチェーンでまとめて管理する「フルオンチェーン」が理想ですが、この手法はデータを記録しようとすると高額な手数料（ガス代）が発生するなどのデメリットがあります。

ブロックチェーンは取引履歴を保存することも大切な役割です。取引履歴は『台帳』のようなもので、ＮＦＴの発行日、一次販売の購入者や購入日、二次販売の購入者や購入日など取引の全容を記録しています。この台帳を参照することで現在の保有者を割り出すことができます。ＮＦＴの保有者を証明する仕組みはブロックチェーン上の台帳によって実現しています。

14 重要なのは取引履歴をコピーできなくすること

ＮＦＴには興味があるけど、セキュリティ上の不安があって手を出していないという人もいるでしょう。せっかく購入したＮＦＴが不正な方法で他人の手に渡ってしまうことがあるようなら、慎重になる気持ちもわかります。ただ、そんな心配はしなくても大丈夫です。ＮＦＴを守るための強固なセキュリティ対策があるからです。

ＮＦＴを守るためのセキュリティの要となっているのがブロックチェーンです。詳しくは後述しますが、ブロックチェーンは、強力なセキュリティ機能で取引履歴がコピーされたり改ざんされたりするのを防いでくれます。保有するＮＦＴの名義を勝手に変えられたり、知らないうちに盗まれて販売されたりすることは基本的にはありません。ブロックチェーンだから絶対に防げるとは言い切れませんが、セキュリティが強固であることは紛れもない事実です。ブロックチェーンはＮＦＴを守るための最善策だと言えます。

取引履歴はコピーできないと上述しましたが、保有するＮＦＴのデータが他人にコピーされてしまうことはあります。クリプトパンクスなどの超高額なＮＦＴアートの画像をコピーし、自分のパソコンに保存することは可能です。コピーが可能なのは、データ自体はブロックチェーンの保護の対象外であるからです。コピーが複数あったとしても、ブロックチェーンは保有者のデータが本物であると証明してくれます。あくまで守らなければいけないのは保有者を示す情報である取引履歴です。

ただし、偽物のＮＦＴを売りつける詐欺には注意が必要です。ただの画像データをＮＦＴと偽って販売したり、コピーしたデータでＮＦＴを発行し、それがオリジナルであるかのように販売したりする詐欺の手口もあります。いくらブロックチェーンのセキュリティが強固だといっても、自分で選択して購入ボタンを押す行為を防ぐことはできません。こういった詐欺被害に対抗するためのセキュリティはブロックチェーンの管轄外です。

偽物を掴まされないようにするには、マーケットプレイスでNFTを購入するようにしてください。二次販売の場合でも取引履歴を確認して本物か偽物かを見分けられる場合もあります。本来の価格よりも大幅に安く売られていた場合は、それが偽物かもしれないと疑うようにしましょう。

15 ブロックチェーンは同意の上での書き込み

ここからはブロックチェーンの機能について深く掘り下げていきましょう。ブロックチェーンの実態を把握することで、どういう仕組みでデータを記録したりデータの改ざんを防いだりしているかを理解できます。

ブロックチェーンは2008年にビットコインの開発者で有名な「サトシ・ナカモト」

（日本人らしい名前でありながら、個人名なのかグループ名なのかは不明）によって提唱されたデータベースの管理方法です。その技術は多くの研究者によって開発が進められ、２００９年にビットコインを支える技術として使われるようになりました。その後は、イーサリアム（ＥＴＨ）やＮＦＴなどの管理方法としても応用されるようになりました。

ブロックチェーンの最大の特徴は電子的な台帳を利用した「分散型」のシステムであること。分散型というのが１つのコンピューター（サーバー）上に台帳を保存する「中央集権型」との大きな違いです。中央集権型はサーバーに対してクライアントのコンピューターがアクセスして使うネットワークであるのに対し、ブロックチェーンは「ピアツーピア（Ｐ２Ｐ）方式」という個々のコンピューター間で通信するネットワークを採用しています。同じネットワーク内にある複数のコンピューターが同じ台帳を所持し、それぞれが台帳の中身を確認し合うことでデータ（ＮＦＴの場合は取引履歴や契約書）の存在を証明することができます。

複数のコンピューターが同じ台帳を所持することで、グループ内の１つのコンピューターの台帳が消えたり壊れたりした場合でも、ほかの台帳があるのでシステムダウンなどの異常が起こりにくくなります。また、24時間・365日どこかしらのコンピューターが稼働していて台帳を利用できます。

ブロックチェーン上のデータの記録は「合意形成」の上で成り立っています。独断で台帳に情報を記録することは不可能で、同じブロックチェーン上のすべてのコンピューターから「書き込みOK」と合意を得ることで記録できます。また、特定の台帳のみに記録することができず、すべての台帳に対して同時に記録します。この仕組みにより、悪意のある人が偽のデータを記録しようとした際に、各コンピューターから合意を得ることができないので取り消されます。合意形成はブロックチェーンのセキュリティの強みです。

16 ブロックとチェーンも安全性に貢献している

ブロックチェーンは分散型の台帳であり、合意形成によって記録することを説明しました。ここでは「ブロック」と「チェーン」がどのような存在であり、セキュリティ強化に貢献しているのかを見ていきましょう。

ブロックチェーンの構造は、データを記録するタイミングや記録したデータに変更を加えるときにブロックを作成し、それらのブロックを1本の疑似的な鎖（チェーン）でつなげて管理します。NFTの場合は、データからNFTを発行したときに最初のブロックが作成されます。そのNFTを販売すると新しいブロックが作られ、元々のブロックに対してチェーンで連結されるので、時系列がつながっていることがわかります。さらに、購入した人が別の人に二次販売すると新しいブロックが作られて連結されます。このように、NFTの変更内容を時系列で逐一記録していくのがブロックチェーンの特徴です。

NFTのセキュリティ強化に貢献しているのは、ブロック内に格納されている「ハッシュ値」と呼ばれるデータです。ハッシュ値は新しいブロックを作った際に保存される取引履歴などの要約データのことで、新たなブロックを作成すると1つ前のブロックのハッシュ値を引き継ぐようになっています。万が一、悪意のある人に特定のブロックが改ざんされたとしても、ハッシュ値によってNFTを守れます。

その理由を詳しくみていきましょう。例えば、ブロックチェーンに「A」「B」という時系列に並んだブロックがあり、悪意のある人がAのブロックを改ざんして保有者を書き換えたとします。Aは改ざんされて保有者情報が変わっていますが、Aのハッシュ値を引き継いでいるBは改ざん前の保有者の名前が記録されているので、AとBのブロックで整合性がとれなくなります。整合性がとれなくなったときはブロックチェーンに異常が起きていることの合図になります。その結果、Aが改ざんされていたことが判明し、合意形成によって不正な書き込みを取り消すことができます。

すべてのブロックに対して同時に改ざんをすることで、ハッシュ値の整合性によるセキュリティを破れるのかもしれません。しかし、1つのブロックを改ざんするだけでもコンピューターの高度な処理が必要であり、次々と作られる大量のブロックを同時に改ざんすることはほぼ不可能とされています。

17 契約を代行してくれる「スマートコントラクト」

ＮＦＴの取引をするときは、販売者と購入者で契約を交わす必要がありますが、その契約を自動化してくれるのが「スマートコントラクト」です。ここではスマートコントラクトによる契約の仕組みをひも解いていきましょう。

スマートコントラクトは、あらかじめ設定されたルールに従い、ブロックチェーン上で取引をする際の契約を自動化してくれます。自動化することで契約するのに人手を介する必要がなくなります。ＮＦＴを購入した際の契約から資金移動、二次販売での作者に支払うロイヤリティなど、ＮＦＴの取引における契約全般をスマートコントラクトが一挙に取り仕切ってくれます。

スマートコントラクトは、飲み物などを自動販売機で買うときの状況に例えられることがあります。自動販売機はお金を入れてボタンを押すことで飲み物を買え、入金していなかったり金額が不足したりするとボタンを押しても飲み物は買えません。これは「一定の金額を投入することで契約が成立し、金額が不足すると不成立になる」という自動契約によるもの。購入代金よりも余分に入金していた場合は、お釣りを払い出すというのも契約の一環です。

スマートコントラクトは、特定のブロックチェーンのネットワークのみで利用可能です。代表的なのは「イーサリアム（ETH）」「ポリゴン（MATIC）」「ソラナ（SOL）」などで、それらはNFTの取引や管理ができます。スマートコントラクトはブロックチェーンの機能を大幅に拡張できるというメリットもあります。NFTゲームなどの「分散型アプリケーション（DApps）」や、金融機関を介さないで資金のやり取りができる「分散型金融（DeFi）」などもスマートコントラクトの技術を使って実現しています。

逆にスマートコントラクトのデメリットは、契約の途中で廃棄したり後から契約を変更したりできないことです。自動化のためいったん処理を進めてしまうと、もう後戻りできません。また、ブロックチェーンへの負荷が増えるため、状況によっては極端に処理が遅くなることもあります。

なお、ビットコインのネットワークは、イーサリアムのようにスマートコントラクトが多用されることはありません。それは、ネットワークの用途を仮想通貨の取引のみに制限しているからです。そのため、NFTの取引でビットコイン（BTC）が使われることは一部の例外を除いてありません。

18 NFTの決済通貨である「イーサリアム」とは？

マーケットプレイスでNFTを購入するときの決済手段は、仮想通貨の「イーサリアム（ETH）」が一般的です。「ポリゴン（MATIC）」や「ソラナ（SOL）」などの別の仮想通貨や電子決済サービス、日本円でのクレジットカード決済に対応するマーケットプレイスもありますが、主流がイーサリアムであることは間違いありません。最大手のマーケットプレイスであるオープンシーやブラーでは、イーサリアムでの取引が盛んに行われています。

イーサリアムは２０１５年にヴィタリック・ブテリン氏らによって考案された仮想通貨

の1つです。ビットコイン以外の仮想通貨であることから「アルトコイン」に属しています。アルトコインの中では最も取引量が多く、時価総額はビットコインに次いで2位です。コインチェックやGMOコイン、ビットフライヤーなどの国内の主要な暗号通貨取引所のほとんどがイーサリアムを取扱っています。

ここで注意したいのは、イーサリアムが仮想通貨の名称でありながら、同時にブロックチェーンの名称でもあるということです。2つが混同しないように仮想通貨を「イーサ」「ETH」、一方のブロックチェーンはイーサリアムネットワークやイーサリアムブロックチェーンなどと表記して分類しています。イーサリアムは、仮想通貨とブロックチェーンの2つの意味を持っていることを忘れないようにしてください。

イーサリアムの価格は、2017年の仮想通貨ブームのころに1ETHが18万円を突破しました。その後、仮想通貨の規制についてサミットで議論されるなどの懸念が広がりましたが、2020年になって分散型金融（DeFi）が注目されるようになって価格が高騰しました。2021年になるとNFTの需要の高まりなどを受け、1ETHが50万円を超えることもありました。この当時は時価総額が50兆円を超えていました。

２０２２年になると各国のインフレ対策による金利引き上げ、大手暗号取引所の経営破綻などのあおりを受けて価格は10万円台まで下落しました。２０２３年になると少し持ち直し、本書執筆時の３月は23万円程度で取引されています。

19「マイニング」ってよく聞くけどいったい何？

仮想通貨やＮＦＴに少しでも興味があるなら、もしかしたら「マイニング」という用語を聞いたことがあるかもしれません。マイニングによってブロックチェーン上のデータが記録・管理されています。

マイニングとは「プルーフ・オブ・ワーク（ＰｏＷ）」とも呼ばれ、ビットコインやイーサリアム１・０（２０２２年の9月中旬までの旧バージョン）のネットワークで採用されているデータの書き込み手法の１つです。ビットコインのネットワークで初めて実用化されました。管理者が存在しないブロックチェーンにおいてセキュリティ強化やデータ管理の役割を担っています。

マイニングの特徴は、「マイナー」と呼ばれるブロックチェーンの参加者がブロックの作成や認証作業をしていることです。NFTを取引するときなどに新規のブロックが作られますが、当事者に代わってマイナーが作業を担ってくれます。マイナーはブロックを作成するのに必要な「ナンス」の値を計算し、正確に計算できたかをほかの参加者に判断してもらいます。

マイナーはボランティアで働いているわけではありません。マイナーの目的は、ブロックの作成者へ報酬として付与される仮想通貨です。この報酬は1つのブロックに対して先着1名しか付与されません。そのため、マイナーは報酬を勝ち取るために、計算能力が高いハイスペックなコンピューターをフル稼働させています。マイニングを専門とする企業が大量のコンピューターを同時に稼働させているケースも少なくありません。

マイニングにはいくつかの技術的な課題があります。その1つは「51%攻撃」です。これは、特定の組織に属するマイナーの計算量が全計算量の過半数を占めるようになった場合、認証を好き勝手できてしまうという理論です。特定の組織によって不正な記録が行われてしまうのは非常に危険ですが、特定の組織だけでそれだけ多くの計算をするのは困難であるため、51％攻撃が実行される可能性は低いと考えられています。また、過剰な電力消費による環境問題や、高額な手数料も問題視されています。この2つについては、次ページで詳しく解説します。

20 イーサリアムの新たな試みは『脱マイニング』

2022年9月に、イーサリアムネットワークの大型アップデート「ザ・マージ」を実施しました。6年間の歳月を費やして準備したアップグレードの主な目的は、イーサリアムの認証アルゴリズムの見直しです。イーサリアムは「プルーフ・オブ・ワーク（PoW）」から「プルーフ・オブ・ステーク（PoS）」という異なるアルゴリズムへと移行しました。

ＰｏＳへの移行の主な目的は『脱マイニング』です。ＰｏＷはマイナーがハイスペックなコンピューターをフル稼働させて大量の電気を消費するため、環境に悪いと指摘されていました。ＰｏＷによる年間消費電力は、オーストラリアやアルゼンチンの年間消費量に相当するとも言われています。また、電力消費に伴う大量の二酸化炭素の排出も問題視されています。

もう1つ問題となっているのは、イーサリアムネットワークの利用手数料である「ガス代」の高騰です。ガス代は主にマイナーへの報酬として使われており、多くのブロックが作成され、ネットワークが混雑するほど高騰する傾向があります。これを「スケーラビリティ問題」と呼んでいます。

こうしたＰｏＷが抱える問題を解決するため、ＰｏＳではブロックの作成方法の抜本的な見直しが図られています。ＰｏＳはマイニングの代わりに「ステーキング」を採用しています。ステーキングは仮想通貨を一定期間預け入れることで、ブロック作成の権利を得られるシステムのことです。ステーキングの参加者のことを「バリデーター」と呼びます。それブロックを作成する際はバリデーターの中からランダムで参加者1人を選出します。

以外の参加者によってブロックが認証されるとブロックチェーン上に追加されます。
ステーキングのメリットは、マイニングに比べてブロックの作成にかかる計算量が少ないことです。計算するバリデーターは1人であり、多くの人が同じ計算をすることもなくなりました。ＰｏＷからＰｏＳへの移行によって消費電力と二酸化炭素排出量が99％削減できると言われています。

ＰｏＳのガス代高騰を抑えるための技術が「シャーディング」です。シャーディングは、イーサリアムのデータベースを分割することで、処理性能の向上を図るというものです。シャーディングはＰｏＳ移行のタイミングでは実装されませんでしたが、ゆくゆくは対応するという方針のようです。

21 イーサリアムを凌駕する新興のブロックチェーン

イーサリアムのブロックチェーンは取引量の増加やアプリの実装などにより、スケーラビリティという非常に厄介な問題を抱えるようになりました。そんなイーサリアムにとって厳しい状況が続く中で、イーサリアムに代わる新たなブロックチェーンがいくつも開発されました。それらの新興ブロックチェーンのことを「イーサリアムキラー」と呼ぶこともあります。

イーサリアムキラーは、イーサリアムのようにスマートコントラクトを実装するブロックチェーンの総称のこと。代表的なブロックチェーンには「ソラナ（SOL）」「ポルカドット（DOT）」「テゾス（XTZ）」「カルダノ（ADA）」「アバランチ（AVAX）」などがあり、それらは「第3世代ブロックチェーン」と呼ばれることもあります。第3世代と呼ばれるのはビットコインが第1世代、イーサリアムが第2世代という位置付けであり、それらより新しいブロックチェーンであるという意味が含まれています。

イーサリアムキラーの特徴は、スマートコントラクトを利用してNFTを取引したり、取引時の契約を自動化したりできることです。またアプリを実装させて機能を拡張させることも可能です。イーサリアムとできることが似ていることから『ポストイーサリアム』であると言えます。

性能面でもイーサリアムキラーは優れています。スケーラビリティの問題解決に積極的に取り組んでいるため、イーサリアムのように混雑時に処理が遅くなる現象が起こりにくくなっています。また、手数料のガス代が格安（または無料）、ブロック作成時の消費電力が低いなどのメリットもあります。

最後に注目のイーサリアムキラーを2つ見ていきます。ソラナはソラナラボが開発したブロックチェーンです。「プルーフ・オブ・ヒストリー（ＰｏＨ）」という独自技術により、他のブロックチェーンよりも高い処理性能を実現しています。ムーブトゥアーンの代表ゲームである「ステップン」もソラナのブロックチェーンを利用しています。注目度が高く、２０２１年には仮想通貨ＳＯＬの価格が１００倍近くまで高騰しましたポルカドットはイーサリアムの創設者の1人であるギャビン・ウッド氏が開発したユニークなブロックチェーンです。分散型のウェブシステムである「Web3（ウェブスリー）」に注力しており、2つの異なるブロックチェーンチェーン同士を接続することで、相互運用できる機能を実装しています。

第3章

NFT活用の「今」

22 NFTアートは紙の絵画よりも管理が楽

デジタルデータとして保存するNFTアートは、紙のアートとは性質が大きく異なります。ここでは、デジタル作品であることのメリットを作者側と保有者側の両方から見ていきましょう。

作者側のメリットは、NFTアートに「エディションナンバー」を簡単に付けられることです。エディションナンバーとは、紙の版画に記載される限定部数のことです。分子がナンバー、分母が限定部数を示し、それぞれの版画に「1／10」「2／10」「3／10」などと記載します。まったく同じナンバーの作品が存在しないことから、各作品が唯一無二であることを証明できます。

紙の版画にエディションナンバーを付けるときは、作者が個々の版画にペンで記入しますが、印刷部数が多いと記入するのも一苦労です。一方のNFTアートは、NFTを発行する際に限定部数を指定すれば、一括処理でエディションナンバーを割り当てられます。

保有者側のメリットは作品の管理に手間がかからないことです。紙のアートは、日焼けや褪色（たいしょく）によって劣化したり、湿度が高い場所に放置してカビが生えたりします。NFTアートは外的要因によって作品が劣化することはあり得ません。特別な管理方法をしなくても、50年後も100年後も描いた直後のキレイな状態を保ち続けます。また、NFTアートは紙のアート作品のように収納スペースを考える必要はありません。すべてコンピューターやネットワークの中にあります。スペースを気にすることなく好きなだけ購入できます。

23 メタバース上でアバターにもなる「ボクセルアート」

玉石混交とも言えるNFTアートの中で、「ボクセルアート」と呼ばれる作品群が賑わいを見せています。ボクセルはコンピューター上で表現する立方体のブロックのことで、ボクセルを組み合わせてデザインした3Dモデルの作品をボクセルアートと呼びます。ボクセルのみでキャラクターや空間を構築している「マインクラフト」をイメージすると理解しやすいかもしれません。ボクセルアートは8ビットゲームのドット絵のような独特の雰囲気があり、新しいはずなのにどこか懐かしさを感じられるのも人気の理由です。

人気のボクセルアートは、BAYCで有名なユガラボが展開する「ミービッツ」です。ミービッツは人間、豚、像、ロボット、ガイコツ、ビジター、解剖の7タイプのキャラクターで構成されたボクセルアートで、計2万種類が発行されています。タイプごとに発行数が異なるのが特徴で、最も数が多い人間タイプが全体の9割以上を占め、最も少ない解剖タイプは5種類のみしか存在しません。数が少ないタイプは希少性が高く、高値で取引されています。

ミービッツのオーナーには特典があり、保有するキャラクターをメタバースやNFTゲームのアバターとして利用できます。それにはキャラクターの3Dアニメーションを自作する必要がありますが、作成ツールをユガラボが無料配布しています。NFTをコレクションする以外に、メタバースのアバターとして利用できることは大きな魅力です。

オリジナルのボクセルアートを作りたいと思ったら、ウィンドウズOSとマックOSのどちらでも使える「マジカボクセル」という無料ソフトを試してみましょう。初めて使う人でも単純なデザインであれば、短時間で3Dモデルを作れます。ブロックを積み上げて全体像を作り、光の当て方や透明度などを設定して仕上げます。完成した3Dモデルは3Dデータや画像ファイルにエクスポートできます。

24 高額取引を連発するドット絵の作者は小学生

先ほどのボクセルアートは3Dアートの話でしたが、2Dアートの制作を始めたい人に打って付けなのが「ドット絵」の制作です。ドット絵は「ピクセルアート」とも呼ばれています。クリプトパンクスはNFTのピクセルアートとして大きな成功を収めており、その影響で多くのピクセルアートが出品されるようになりました。その結果、マーケットプレイスがクリフトパンクスの模倣作品で溢れかえってしまいました。

そんな有象無象のピクセルアートがある中で、日本人の小学生クリエーターのゾンビ・ズー・キーパー君の作品が注目を集めました。アーティストの親を持つ彼は、夏休みの自由研究で「ゾンビ・ズー」というピクセルアートのNFTのシリーズをオープンシーで公開しました。世界的なDJが作品を購入したことが起爆剤となり、SNSで拡散されて話題となり、シリーズはすべて完売しました。2023年2月時点で累計260の作品が販売されました。

有名なNFTクリエーターとなった彼は、フォーブスジャパン「（2021年）今年の顔」に選出されました。新たな取り組みとしてリアルで個展を開催したり、ピコ太郎氏とコラボしたNFTを発表したりしました。東映アニメーション制作でゾンビ・ズーのアニメ化もされました。

ピクセルアートは、スマホやタブレットのアプリを使って手軽に作成できます。アプリの種類はいくつかありますが、無料アプリの「8ビットペインター」は多くのユーザーに愛用されています。キャンバスサイズを選択し、各ピクセルに色を付けて作品に仕上げていきます。完成した作品は「PNG」形式でエクスポートできます。キャンバスサイズを

16×16ピクセルにすれば、10分程度で完成させることも可能です。

パソコンで作成する場合は、表計算ソフトの「エクセル」を使うといいでしょう。普段は表計算やデータの集計に使いますが、シート内のセルを長方形から正方形に変更することでピクセルアート用のキャンバスに変身します。マウス操作で各セルに色を付けて描きます。完成したら「スクリーンキャプチャー」機能を使って画面内を撮影し、画像に保存しましょう。

25 ゲームプレイでお金稼ぎ! NFTゲームの魅力

ゲーム内で獲得したアイテムを売り、現実で使えるお金を稼ぐ——そんなゲーム好きにとって夢のような話は、すでに「NFTゲーム」で実現しています。NFTゲームはブロックチェーンを活用し、ゲーム内のアイテムやキャラクター、ゲーム内の土地などがNFT化されたオンラインゲームの総称です。パソコンとスマホ向けのゲームが多数リリースされています。プレーヤーはゲーム内で獲得したNFTを売却して仮想通貨にし、仮想通貨を換金して現金化できます。ゲームを楽しみながら一攫千金を目指すのも夢ではありません。

ＮＦＴゲームの説明の前に触れておきたいのが、一般的なオンラインゲーム（非ＮＦＴ）の現金化についてです。特定のオンラインゲーム内では、「リアルマネートレード（ＲＭＴ）」という方法で、現実で使えるお金を稼いでいる人もいます。ＲＭＴはゲーム内のアイテム、装備品、通貨のほか、そのゲームを引退するプレーヤーのアカウントなどを販売して現金化することです。ＲＭＴの取引が誰でも簡単にできる専用のフリマサイトも存在します。

「ＮＦＴゲームでなくてもお金稼ぎができているのではないか」と思うかもしれませんが、運営元の多くはＲＭＴを禁止にしています。つまり、規約違反の現金化が横行しているわけです。規約違反ではあるものの、法的に取り締まることが難しいので、ＲＭＴをする人が後を絶たない状況が続いています。オンラインゲーム業界においては、ＲＭＴを撲滅させることが１つの課題となっています。

なぜＲＴＭが禁止されているかというと、現金を多く持っている特定のプレーヤーがアイテムを大量買いすることでゲームバランスが崩れ、ほかのプレーヤーが本来のゲームの楽しみ方ができなくなるためです。ゲームバランスが崩れることでプレーヤー離れに拍車がかかってしまいます。また、買取業者に騙されてアカウントを騙し取られたり、不正に個人情報を盗まれたりすることもあります。RMTの利用者を狙ったウイルス攻撃もあります。

一方のNFTゲームは、ゲーム内で獲得したNFTを現金化することが運営元から許可されています。NFTは運営元が指定したマーケットプレイスに出品可能です。レアリティの高いアイテムほどゲームの進行を有利に進められるので、高い値段で取引されています。また、ゲーム内で配布された仮想通貨を売却して現金化することもできます。それには、ゲーム内の仮想通貨を取扱う仮想通貨取引所で売却します。

NFTゲームでお金稼ぎをしようとするプレーヤーは多く、海外ではNFTゲームで生計を立てている人もいます。NFTゲームは目が離せない存在です。

26 初期費用なしでプレイできる「スカラーシップ制度」

ゲームをプレイして現金を手に入れられるなら、NFTゲームを始めたいと思う人は多いでしょう。ただ、一般的なオンラインゲームよりもNFTゲームのほうが始めるまでの敷居が高いと言われています。それは、ゲームをプレイするのに必要なNFTのアイテムを購入しなければいけないからです。数千円程度の初期投資であればそこまでの障壁にはなりませんが、10万円以上かかるゲームもあります。NFTゲームは初期投資がカギです。

高額な初期投資を払うのが嫌だという人でも、「スカラーシップ制度」を利用することでプレイ可能です。スカラーシップ制度とは、プレイに必要なNFTをほかのプレーヤーから無料で貸し出してもらい、初期費用ゼロでゲームを始められる便利な制度です。貸出元を「マネージャー」または「オーナー」、貸出先を「スカラー」と呼びます。レンタルすることでスカラーは無料でゲームをプレイできますが、ゲーム内で仮想通貨を得た際に、その一部をレンタル料としてマネージャーに支払います。スカラーが得られる金額は雇い主であるマネージャーの方針次第で、マネージャーが7割、スカラーが3割のような分配率の取り決めを事前に行います。

マネージャーのメリットは、ゲームをプレイする時間がなくても、本人に代わってスカラーが仮想通貨を稼いでくれること。多数のNFTを所持していて複数の人に貸し出すことができれば、1人でプレイするよりも効率的に仮想通貨を稼げます。マネージャーとスカラーはウィンウィンの関係です。

プレーヤーとしてスカラーシップ制度に参加するには、いくつかの方法があります。一般的なのは同じNFTゲームのプレーヤーが集まるギルドに参加し、スカラーに応募することです。ゲームによってギルドの作成場所は違いますが、チャットサービスの「ディスコード」上に作られていることが多いようです。また、ツイッターなどのSNSで募集していることもあります。

マネージャーは真面目にゲームをプレイし、仮想通貨を稼いでくれる人を望みます。条件が合わなければ選考の段階で落とされることもあります。契約後もノルマを達成できないと契約を打ち切られることもあります。実社会の仕事と同様に、ゲームに取り組む姿勢が重要視されています。

27 海外のNFTゲームをプレイするときの注意点

海外プレーヤーに人気のNFTゲームを見ていきます。NFTゲームは「エックストゥアーン」をすべて含む場合がありますが、ここでは遊んで稼ぐことを目的とした「プレイトゥアーン」に限定して紹介します。

プレイトゥアーンの先駆け的なのが「アクシーインフィニティ」です。このゲームは東南アジア圏のプレーヤーを中心に人気が高く、1日のアクティブユーザー数が280万人を超えたこともあります。NFTゲームの中でも多くのプレーヤーを獲得しています。

ゲーム内では、「アクシー」と呼ばれるモンスターを使ってほかのプレーヤーと対戦したり、繁殖・育成をしたりします。アクシーがNFT化されており、マーケットプレイスで取引可能です。ゲーム内には「SLP」と「AXS」という仮想通貨があり、対戦で勝利したりクエストをクリアしたりすると獲得できます。AXSは特定の仮想通貨取引所を通じて現金化できます。

なお、アクシーインフィニティは２０２２年に大規模なハッキングの被害に遭いました。当時はセキュリティの不安からユーザー離れが起きましたが、暗号通貨取引所大手のバイナンスなどの協力を受けてサービスを継続しています。

プロサッカーをテーマにしたＮＦＴカードゲーム「ソラーレ」も人気です。このゲームは、実在のプロサッカー選手のＮＦＴカードを発行し、プレーヤーはカードを集めて結成したチームでスコアを競うというもの。実際の試合の成績がスコアに反映されるので、リアルのサッカーとゲームを同時に注目しながら楽しみます。好成績を収めることでＥＴＨを獲得できます。

ＮＦＴカードゲームの「トライバルパンク」は、ほかのＮＦＴゲームよりも初期費用が安く抑えられるのが魅力です。ゲームを始めるのに数千円程度あれば、ゲームに必要なＮＦＴカードを用意できます。カードバトルはオートで進むのでプレーヤーが直接操作をする必要がなく、上手くいけば放置しておくだけで仮想通貨の「ＳＯ」を稼げます。

注意したいのは取得した仮想通貨の換金方法です。国内の取引所で取扱っていない仮想通貨の場合は、持ち込んでも日本円に換金できません。取扱いのある海外の取引所に開設した口座に仮想通貨をいったん預け、ETHに交換してから国内の取引所に移します。ETHなら国内の取引所で換金できます。

28 英語が苦手でも翻訳ツールを使えば大丈夫！

海外製のNFTゲームは標準言語が英語で、日本語表示への切り替えられないことも多々あります。興味があるゲームでも、英語が苦手でプレイすることを諦めてしまう人もいるでしょう。そんな人はネットの無料翻訳ツール「グーグル翻訳」が重宝します。翻訳ツールを使うことで、英語テキストの日本語訳を表示して快適にプレイできます。

グーグル翻訳は、ウェブブラウザの「クローム」に標準搭載されている機能です。ブラウザ上で動作するNFTゲームの一部は、グーグル翻訳でテキストやメニューの表示を日本語に切り替えられます。すべてのゲームの翻訳に対応しているわけではありませんが、試す価値は大いにあります。

まずは全文翻訳機能を試します。全文翻訳に成功すれば、英語環境にも関わらず常に翻訳された日本語が表示されます。実行するには、ゲームを起動した状態で、クロームのアドレス欄（URLの入力欄）にある翻訳用のボタンをクリックして「日本語」を選びます。ゲームの画面上を右クリックして「日本語に翻訳」を選んでも翻訳できる場合があります。

全文翻訳に非対応のゲームの場合は、次の手として部分翻訳を試します。こちらは選択した英文テキストのみを日本語訳にするというもの。英文テキストを選択すると専用のボタンが出現し、それをクリックするとポップアップ画面上に日本語訳が表示されます。日本語訳の音声を聞くこともできます。全文翻訳に比べると面倒に感じますが、慣れるとスムーズに進められるでしょう。

部分翻訳をするなら翻訳ツールの「DeepL翻訳」もお勧めです。このツールは翻訳精度に定評があるので、グーグル翻訳の日本語訳に違和感があるなら活用してみましょう。DeepL翻訳は、クローム向けの拡張機能（アドオン）として無料配布されているので、「クロームウェブストア」からインストールします。拡張機能を有効にした状態でゲーム内のテキストを選択し、表示されたボタンをクリックすると日本語訳が表示されます。

29 人気マンガも参戦！ 国内のNFTゲーム事情

続いては標準で日本語対応のNFTゲームを見ていきます。日本語対応のNFTゲームはさほど多くはありませんが、人気コンテンツがゲーム化されるなど、海外とは異なる盛り上がりを見せています。

「クリプトスペルズ」はNFTゲームの黎明期にサービスを開始しました。ジャンルはカードゲームで、NFT化されたキャラクターカードを使ってほかのプレーヤーやCPU

と対戦をします。与えられたミッションをクリアすると仮想通貨の「ＭＣＨコイン（ＭＣＨＣ）」を獲得できます。ＭＣＨコインはＥＴＨに交換すれば、国内の取引所で現金化できます。また、取得したＮＦＴの売買が可能なマーケットプレイスも多くあり、「コインチェックＮＦＴ」などの国内マーケットでも取扱っています。

本格的なＭＭＯＲＰＧが楽しめる「元素騎士オンライン」は、台湾や中国などで人気のオンラインゲームをＮＦＴゲーム化したものです。初期投資なしでゲームを始められるのが特徴です。ファイナルファンタジーのキャラクターデザインで有名な天野喜孝氏とコラボ企画も行っています。獲得した仮想通貨は海外の取引所の「バイビット」を経由して国内の取引所で換金可能です。

サッカー漫画のキャプテン翼をＮＦＴゲームにしたのが「キャプテン翼ＲＩＶＡＬＳ」です。キャプテン翼は１９８０年代に週刊少年ジャンプで連載された大人気漫画です。国内のみならず、海外のサッカー選手などにも大きな影響を与えています。ゲーム内容はキャプテン翼に登場するサッカー選手を使ったカードバトルです。各選手のカードがＮＦＴ化されています。CPUやプレーヤー同士の対戦で勝利すると、選手育成のための報酬や仮想通貨の「TUBASAUT」を獲得できます。報酬でカードを合成させて新たなカードを生成することも可能です。

なお、スタジオジブリとレベルファイブがタッグを組んで制作した「二ノ国」シリーズのNFTゲームもあります。それが「二ノ国：クロスワールド」です。このゲームは国内版とグローバル版の2つがあり、後者のみがNFTに対応しています。PCでグローバル版をプレイするには、通常のネット接続ではなくVPNの設定が必要になります。

30 メタバースの土地活用で不労所得を得る

NFTゲーム業界も仮想世界の「メタバース」に注目しています。メタバースゲームは仮想空間の住人となり、自分の分身であるアバターを操作したり、ほかのプレーヤーのアバターとコミュニケーションしたりできます。
NFTを活用したメタバースの特徴は、NFT化された土地を運用して収入を得られることです。現実の土地と同様に、メタバース上の土地も需要と供給のバランスで地価が変動するので、安い時期に買い、値段が釣り上がってから売ることで差分を儲けられます。また、購入した土地に建物やオブジェなどを作り、土地に付加価値を付けてセット売りをすることも可能です。ゲーム内の土地はマーケットプレイスなどで取引されています。ゲームによっては土地を貸し出してレンタル料を得ることも可能です。

企業もメタバース内の土地の購入に積極的です。アディダスやサムスン電子、UBIソフト、ワーナーミュージックなどの世界的な企業がメタバース上に土地を保有しています。購入した土地をイベントスペースとして活用したり、自社商品の販売スペースにしたりしています。土地を購入した企業は、新たな集客の手法として活用しています。

代表的なメタバースゲームは「ザ・サンドボックス」です。このゲームは「ボクセル」と呼ばれる立体型のブロックで世界観が構築されています。「LAND」と呼ばれるNFT

化された土地を販売しており、購入した土地に自作のゲームを設置し、訪問者からプレイ料金を得ることができます。プレイ料金は仮想通貨の「SAND」で支払われます。ゲーム制作の専用ツールが配布されており、プレーヤーであれば誰でもゲーム制作が可能です。

なお、人気のメタバースゲームは土地価格が高騰しています。ザ・サンドボックスの1区画の価格は20万円（1ETH）以上が相場の目安です。クリプトパンクスやBAYCで有名なユガラボのメタバースゲーム「アザーサイド」は、ゲームのリリース前に土地を販売し、1区画が最低40～50万円（3ETH）程度で売れています。

31 海外はバスケや野球のトレカが人気

コレクターズアイテムの定番といえばトレーディングカード（トレカ）です。好きなスポーツ選手やキャラクターなどのトレカを集めた経験のある人も多いでしょう。そんなトレカは紙からNFTへと進化を遂げています。

そもそもトレカは、個人でコレクションをしたりほかの人と交換したりして楽しむツールです。発行数の少ないレアカードがプレミア価格になることもしばしばあります。NFTのトレカは、データでありながら紙のトレカのように収集でき、プレミア品であればマーケットプレイスで売って儲けられます。

NFTのトレカは、デジタルだからこそできる加工が施されています。例えば、一定のタイミングで光らせたり色を変化させたりします。また、スポーツ選手が活躍したプレイの動画を収録したトレカもあります。

特に注目度の高い分野はプロスポーツ。その草分け的な存在なのが2020年にダッパーラボがリリースした「NBAトップショット」です。NBAトップショットは、ダッパーラボが独自開発した「FLOW」というブロックチェーンを基盤としています。トレカは動画形式で、選手が豪快にシュートしたり軽快にドリブルしたりするシーンなどが収められています。購入するシステムは紙のカードと同じで、複数のカードが封入されたパッケージを購入し、運が良ければレアなカードを入手できます。封を切るまでどんなカードが入っているかわからないというのは、紙でもNFTでも共通する醍醐味と言えるでしょう。

NBAトップショットは発売してすぐに人気が過熱し、1年足らずで7億ドル（当時の換算で760億円）以上を売り上げました。人気のカードはプレミアム価格で取引されています。例えば、ロサンゼルス・レイカーズのレブロン・ジェームズ氏のダンクシュートのシーンを切り取ったトレカは、その多くが2000万円以上で取引されています。そのほかにも、フレッド・バンブリート氏、ザイオン・ウィリアムソン氏、ジャ・モラント氏のカードも1000万円以上のカードがあります。

紙のトレーディングカードを製造するトップスは、メジャーリーグを題材とする「トップスMLB NFT」を2021年にリリースしました。こちらも販売開始当初から購入希望者が殺到し、一時的にサイトがダウンするほどでした。初回提供の7万4000パックは1時間程度で完売しました。

サッカーを題材にしているのが「FIFA+コレクト」です。これは国際サッカー連盟のFIFAが提供しています。これまでのワールドカップなどのFIFAが保有する名シーンの画像や動画をNFTにしています。手に入れたNFTはコレクションするだけでなく、専用のゲームでも利用可能です。世界中のプレーヤーとスコアを競って楽しめます。

国内プロスポーツのNFTのトレカは、Jリーグのサッカー選手を扱う「Jリーグ エールトレカ」、プロ野球のパシフィック・リーグ（パ・リーグ）の選手を扱う「パ・リーグエキサイティングモーメンツ」、バスケットボールのBリーグの選手を扱う「Bリーグパーク」、柔道選手を扱う「JUDOコレカ」などがあります。プロスポーツのビデオオンデマンドサービスを提供するDAZNもNFTを販売しています。人気は海外製のトレカには及びませんが、ファンにとっては魅力的なサービスです。

32 国内外で大注目！ あの人気マンガがNFTアートに！

日本が誇るポップカルチャーであるマンガやアニメの分野でもNFTが広がっています。両者は国内だけでなく海外でも人気があるコンテンツです。作品のファンであればNFTが欲しいという人も多いでしょう。

早くからマンガのNFT化に注目したのは、少年ジャンプなどを発行する集英社です。集英社では2007年から自社が保有する作品のデジタルアーカイブ化を進めており、原画や印刷物をデジタル保存しています。当時はネット配信への対応を想定した取り組みでしたが、マンガを「アート」として捉えるというビジョンのもと、2021年よりNFTアートの発行を開始しました。

NFTアートの対象となったのは、『ワンピース』や『ブリーチ』、『ベルサイユのばら』などの人気作品です。いずれもキャラクターや風景が1枚絵として精細に描かれており、アートと呼べるクオリティに仕上がっています。

アニメのセル画に特化したマーケットプレイスもあります。「楽座」は『ドラゴンボール』や『セーラームーン』、スタジオジブリ作品などのセル画のNFTを販売しています。取扱っているセル画は本物であることを示す鑑定書付きに限定されているので、誤って偽物を買ってしまう心配がありません。

楽座の特徴は、現物のセル画とNFTとがトレードオフの関係になっていることです。NFTのセル画を購入するとセル画の保有権を得られますが、現物のセル画を手にすることはできません。保有できるのはどちらか一方です。NFTを購入してから現物が欲しい場合は「バーン」機能を実行します。この機能を実行するとNFTは完全に廃棄され、NFTそのものが消滅します。その代わりにセル画の現物が楽座から送られてきます。

33

世界的なファッションブランドがNFTを販売

NFTとファッションとを結び付けているのが「NFTファッション」です。NFTファッションとは、デジタルデータの洋服や靴、バッグなどのファッションアイテムのNFTのことです。データであるため当然、人が身に付けることはできませんが、メタバースで自分の分身であるアバターの着せ替えに利用されたり、コレクションされたりしています。

NFTファッションの魅力は、現実ではあり得ない奇抜なデザインを実現できることです。例えば、レインボーカラーに光らせたりスモークを発生させたりすることもできます。コレクターにとっては保管スペースに悩まずに済みます。NFTはすべてコンピューター上で管理するので、保管スペースを用意する必要がありません。

NFTのファッションで最初に注目されたのはスニーカーです。米国のスタートアップ企業の「RTFKT（アーティファクト）」がNFTスニーカー専門のブランドを立ち上げ、600足のスニーカーをオークションで販売しました。その後もスニーカーブランドのステイプルや現代美術作家の村上隆氏とのコラボ商品を販売するなど精力的な活動を続けていました。躍進を続けたRTFKTでしたが、2021年にスポーツメーカー大手のナイキに買収され、同社のブランドの1つとなりました。

世界的なファッションブランドもNFTに注目しています。イギリスのファッションブランドのバーバリーは、NFTゲームの「ブランコス・ブロック・パーティー」のNFTコレクションを数量限定で販売しました。販売したのは、サンダルやネックレス、携帯電話やラジカセなどのアクセサリーで、アバターに装着することが可能です。また、バーバリーがデザインしたキャラクターのアバターも販売しました。ドルチェ&ガッパーナはNFTファッションのコレクションを発表し、総額6億円のアイテム9点が完売しました。

NFTファッションの普及のカギとなるのはメタバースへの対応です。欲しいと思ったアイテムでも参加するメタバースで使えないようなら、積極的に買うことはないでしょう。

そんな中で、アンダーアーマーのＮＦＴスニーカーはマルチプラットフォームに対応させています。「ディセントラランド」や「ザ・サンドボックス」、「ガラゲームズ」のアバターがスニーカーを着用可能です。ＮＦＴファッションのマルチプラットフォーム化は重要な要素となりそうです。

34 サブスクは嫌！ 希少性のある楽曲データを保有する

プロのミュージシャンの楽曲の提供方法は、レコードからＣＤ、ダウンロード販売、サブスクリプションサービス（サブスク）へと変化を遂げています。そして新たにＮＦＴを利用した提供方法も登場しています。ＮＦＴ化された楽曲は「ＮＦＴ音楽」または「ＮＦＴミュージック」と呼ばれています。

ＮＦＴミュージックは、ダウンロード販売のように購入者が楽曲データの保有者になれます。ＮＦＴミュージックがダウンロード販売と異なるのは、同じデータでも希少性があることです。販売数を制限することで、購入者は数量限定のレコードやＣＤのような喜びを味わえます。音楽データに付加価値を付けることがＮＦＴミュージックの目的です。なお、サブスクは楽曲データをストリーミング再生するための契約であり、楽曲を保有することができません。

ただし問題点があり、ＮＦＴミュージックの楽曲データをコピーすれば、購入者以外でも再生できてしまいます。ＮＦＴはブロックチェーンに記録された情報から保有者を割り出すための仕組みであり、データのコピーを防止する機能は備わっていません。コピーして誰でも聴けてしまうとなると、購入者はあまりいい気分ではないのかもしれません。

その問題を解消したのが音楽専門のマーケットプレイス「ザ・ＮＦＴレコーズ」です。ザ・ＮＦＴレコーズは楽曲データに暗号化が施されており、購入者しか再生できない仕組みを採用しています。購入者が二次販売した場合は再生する権利が新しい購入者に移り、販売者は再生する権利を失います。

購入者への特典に価値を付ける場合もあります。米国のロックバンドのキングス・オブ・レオンは、自身のアルバム作品のNFTバージョンをオークションで販売し、最終的に220万ドルで落札されました。この価格まで上がった理由は、NFTアルバムに加えて、豪華な特典があったからです。特典はメンバーが撮影した写真、限定のレコード、生涯を通じて彼らのライブを最前列で見られるチケットが含まれていました。

国内のマーケットプレイスの「ドットミューラ」は、NFTミュージックの購入者がアーティストの公式サポーターになれる権利を販売しています。購入者はオーナーとなり、アーティストの活動を支えるための応援活動をする一方で、楽曲のストリーミング動画の再生数に応じたポイントやグッズなどの特典を受け取ることができます。

35 NFT会員権で毎年豪華ホテルに宿泊する

事業者が提供するサービスの利用権をNFTにして販売するケースもあります。それが

「ＮＦＴ会員権」です。ＮＦＴ会員権は、利用権を購入した会員にのみサービスを提供するために用いられます。購入者は利用権を持っている限りは永続的にサービスを受けられ、不要になったら売却することもできます。権利を売り買いするという点ではゴルフの会員権とよく似ており、実際にゴルフの会員権をＮＦＴ化しているケースもあります。

ホテルの宿泊サービスのＮＦＴ会員権にしたのが「ノットアホテルＮＦＴ」です。これは会員になることで、毎年決められた日に国内のノットアホテルに宿泊できるというもの。宿泊場所はランダムで選ばれるので、直前までどこに行くのかわからないというのも面白いところ。会員権は3種類あり、1年間で1泊、2連泊、3連泊するかを選択します。価格は1泊が185万円、3連泊が580万円と高額ですが、購入すると47年間使える権利を得られます。毎年宿泊すれば1年あたり3万〜4万円程度です。

ゲームの分野では「駅メモ！アワーレイルズ」がＮＦＴ会員権を販売しています。このゲームは実在する駅が多数登場し、ゲーム内で駅のオーナーになれる権利を販売しています（現実で駅のオーナーになれるわけではありません）。ＮＦＴを購入すると「ステーションオーナー」となり、駅の保有者としてゲームに参加できます。オーナーになるメリットは、保有する駅でほかのユーザーがイベントを開催すると、駅の利用料金を受け取れることです。オーナーのみが集まるコミュニティへの参加もできます。

イタリアの高級スポーカーであるフェラーリの乗車権を販売しているのがHANEUMAです。会員権の保有者同士でフェラーリのカーシェアができる仕組みで、毎月30km（12時間以内）の乗車が可能です。毎月の維持費として5000円はかかりますが、保有権を維持し続ければサービスが終了するまで利用できます。

「クリプトバーP2P」は、NFT会員券を利用した東京・銀座にあるバーです。NFT会員権を得ることで、お店に入ることができます。契約形態は日払いと月払い、年払いがあり、日本円ではなく仮想通貨で支払います。会員は別途費用がかからずにお酒やおつまみが提供されます。

36 紙の出版物の付録にNFT

「NFT特典付き」「NFT特装版」「NFTデジタル特典」などと記載された紙の出版物を目にするようになりました。それらは、NFTの付録が封入された出版物のことを指します。紙の出版物の売上アップを図るための新たな施策としてNFTが活用されています。

出版物のNFT付録のバリエーションは豊富で、未公開写真やメッセージ動画、イラスト、トレーディングカード、ARデジタルアクリルスタンドなどがあります。俳優の広末涼子氏のエッセイでは、本編を朗読する本人の音声のNFTが収録されています。ファッション雑誌のBeginは、過去に発売したムックの電子書籍をNFTにしています。

NFTを出版物の付録にするサービスは、2021年に出版取次のトーハンと電子書籍取次のメディアドゥが共同で開発し、世界初の試みとしてリリースされました。このサービスを利用することで、出版社側は常に同じ環境でNFTを発行できます。ネットを通じてNFTを取得できる仕組みを採用しており、購入者は出版物に添付されたカードのギフトコードを読み込むことでNFTを取得できます。

取得した付録は二次販売することも可能で、メディアドゥが運営するマーケットプレイスの「FanTop」で取扱っています。FanTopは「FLOW」というブロックチェーンを利用しており、出品者や購入者に手数料のガス代を無料にしています。日本円での決済にも対応しており、ブロックチェーンやNFTに詳しくなくても簡単に取引することが可能です。

第4章

NFTの買い方・売り方

37 NFTの売買を取り仕切るマーケットプレイス

NFTの購入や販売を一挙に請け負うサービスがマーケットプレイスです。マーケットプレイスはインターネット上にある電子市場のことです。NFTを売りたい人と買いたい人が自由に参加し、個人間での取引ができます。

ネット上のマーケットプレイスといえば「メルカリ」が有名です。NFTのマーケットプレイスとメルカリとの明確な違いは、扱っている商品と支払いの方法です。メルカリは一部の禁止された品物でなければ何でも出品でき、クレジットカードやQRコード決済などで支払えます。一方のNFTのマーケットプレイスはNFTのみを扱っており、仮想通貨での支払いが一般的です。クレジットカードを使えるマーケットプレイスは一部に限られます。

マーケットプレイスには国内と海外のサービスがあります。代表的な国内サービスは楽天グループの「楽天NFT」、LINEの「LINE NFT」、GMOインターネットグループの「アダムバイGMO」、コインチェックの「コインチェックNFT」などがあり、海外サービスは「オープンシー」「ブラー」「X2Y2」「ルックスレア」などがあります。同じマーケットプレイスでも国内と海外では使い勝手が大きく違います。

国内のマーケットプレイスを使うメリットは、日本語でのサポートが手厚いことです。クレジットカード払いができるマーケットプレイスも多く、手数料のガス代を無料にしているところもあります。利用者にとってのユーザビリティが高く、初めてNFTを買う場合でも迷うことは少ないでしょう。一方でNFTの販売数は海外のマーケットプレイスに比べると遥かに少なく、作品の一時販売を受け付けていないこともあります。売買を本格的にする場合は、海外のマーケットプレイスより見劣りしていると感じるかもしれません。

一方の海外のマーケットプレイスは膨大な数のNFTが販売されており、BAYCやクリプトパンクスなどの取扱いがあるのも強みです。ただし、購入時の支払いは仮想通貨が基本で、クレジットカードでの日本円払いに対応するマーケットプレイスは少ないです。仮想通貨の買い方やウォレットへの送金などの基本的な知識も必須なので、使いこなすには事前準備が重要です。

38 世界最大級のマーケットプレイス「オープンシー」

NFTマーケットプレイスを牽引しているのが「オープンシー」です。世界中のユーザーがオープンシー上で連日NFTを売買しています。取扱いのあるNFTの総数も数千万点あると言われており、本格的にNFTの売買を始めたいならオープンシーを避けては通れないでしょう。

オープンシーは2017年に開設されました。その当時は仮想的な猫の交配を楽しむ「クリプトキティーズ」などでNFTが使われ始め、各サービスが独自のマーケットプレイスを用意していました。そんな中で、誰でもNFTを出品できるサービスとしてオープンシーが誕生しました。２０２０年以降にＮＦＴの需要が高まったことでオープンシーの売上高も急上昇し、２０２２年初頭には企業評価額が１３３億ドルに達しました。その後は米国の金融緩和による仮想通貨の価格下落などのあおりを受けて売上高は減少傾向にありましたが、２０２３年１月の売上高が約５億ドルを記録するなど、依然として高い水準の売上高を保ち続けています。

オープンシーに出品されたＮＦＴは「アート」「ゲーム」「メンバーシップ」「ＰＦＰ」「写真」のカテゴリーで分類されており、カテゴリーから選んでＮＦＴを探せます。また、出品者を指定して作品を絞り込むことも可能です。

対応するブロックチェーンは複数あります。最も取引量の多いイーサリアムのほか、クレイトン、アバランチ、ＢＮＢチェーン、ポリゴン、ソラナなどにも対応しています。ブロックチェーンごとに出品されているＮＦＴや手数料のガス代の費用も異なります。ソラナのような「イーサリアムキラー」なら、イーサリアムよりもガス代を安く抑えてＮＦＴを購入できます。ブロックチェーンごとに取引量のランキングが公開されており、ランキングをチェックすることで人気のＮＦＴの傾向を掴むことが可能です。

決済方法は仮想通貨が基本です。仮想通貨取引所でＥＴＨなどの仮想通貨を購入し、ウォレットに入金しておく必要があります。なお、「ムーンペイ」という電子決済サービスにも対応していますが、２０２３年3月時点では日本国内での利用が停止されています。

39 「ブラー」の台頭で激化する海外マケプレの覇権争い

海外マーケットプレイスはオープンシーの一強が長く続いていましたが、２０２２年10月にサービスを開始した新興マーケットプレイスの「ブラー」の登場で、マーケットプレイス全体の勢力図が大きく変わりました。ブラーは、サービス開始直後から市場のシェア拡大を続け、２０２３年2月には1週間の取引額がライバルのオープンシーの取引額を上回りました。その後もブラーの勢いは衰えることなく、ＮＦＴ市場での存在感を強固なものにしています。

ブラーは「アグリゲーター」型の取引方法を提供するマーケットプレイスです。アグリゲーター型とは、複数のマーケットプレイスのNFTを横断して取引ができる機能のことです。ブラーは自前のマーケットプレイスのほかに、オープンシー、X2Y2、ルックスレアのNFTの取引に対応しています。複数のマーケットプレイスのサイトを巡回しなくても済むという便利さもあり、特にNFTを頻繁に売買するヘビーユーザーから支持されています。中央集権型の姿勢を貫くオープンシーはアグリゲーター機能が実装されていないので、サイト内で購入できるのはオープンシーに出品されたNFTのみに限ります。

ブラーでは、NFTの売買で本来発生する手数料を緩和する取り組みを実施しています。NFTを購入して運営元に支払う手数料を完全無料にしているほか、トランザクションが高速で、オープンシーよりも「ガス代」を支払う場面が少なくなるように設計されています。さらにNFTを二次販売する際に、作者へのロイヤリティの分配を任意で設定でき、支払わないという選択をすることも可能です。取引にかかるコストを最低限に抑えたい人にとっては、手数料が安いブラーを使うことが大きなメリットになるでしょう。

独自の仮想通貨である「BLUR」の無料配布（エアドロップ）を実施しています、ユーザー特典の一環として配布しているため、仮想通貨を貰うには、ブラーでNFTを購入するなどの一定条件を満たす必要があります。仮想通貨を配布したことがオープンシーの取引額を抜くのに貢献したようです。

シェア争いで劣勢となったオープンシーは、出品されたNFTをブラーで二次販売されるのをブロックするツールを販売者向けに公開しました。その後は方針転換があり、ブラーに対するブロックを緩和し（ブロックを回避する手段が見つかっていたという理由もあり）、運営元への手数料を期間限定で無料化、作者への支払いもなしにするという新たな施策を開始しました。「逃した客を取り戻せるのか」と、今後の動向に注目が集まっています。

40 仮想通貨を売買する販売所と取引所の違い

NFTを購入するのに仮想通貨が必要であると先述しましたが、仮想通貨はインターネット上にある「仮想通貨取引所」で口座を開設すると購入できます。手持ちの仮想通貨を売却して日本円に換金することもできます。

仮想通貨取引所は、一般的に「販売所」と「取引所」の2つの販売システムを提供しています。両者の違いは取引する相手です。販売所は、運営元の事業者が保有する仮想通貨を購入します。個人と事業者とのやり取りです。一方の取引所は仮想通貨を売りたいと思っている人から購入します。株の取引とよく似たシステムで、希望額と数量を設定し、注文の条件が相手と一致すれば取引が成立します。仮想通貨を欲しいときは、事業者と個人のどちらで購入するかを選択する必要があります。

販売所を使うメリットは購入方法がシンプルなことです。基本的には支払い能力さえあれば希望した金額分の仮想通貨を購入できるので、初めてでも安心して利用できるでしょう。限度はありますが、一度に大量買いすることも可能です。取扱い銘柄も販売所よりも多いです。デメリットは取引所と比べて購入価格が高くなりやすいことです。

一方の取引所は、言い値での売買をするので、上手くいけば販売所よりも安く購入できる場合があります。例えば、販売所は1ETHが20万円だった場合でも、取引所に15万円で売りたいという人がいれば5万円分安く購入できます。ただし、相手があってのことなので希望した条件で買えるかは不透明です。条件に納得する人がいなければ、永遠に仮想通貨を購入できません。また、取引所では販売所よりも取引できる銘柄が少ないのが一般的で、ＥＴＨを取引対象に含めていない事業者もあります。

購入時の手数料も注意しましょう。仮想通貨取引所の事業者は手数料を収入源としています。取引所で仮想通貨を購入したときは、事業者に仲介手数料を支払います。手数料は取引額の0・1％前後で、手数料のパーセンテージは事業者によって異なります。事前に事業者ごとの手数料を確認しておくといいでしょう。販売所で仮想通貨を購入しても手数料は基本かかりません。多くの事業者は手数料無料をうたっています。ただし、仮想通貨の売値と買値で差を付ける「スプレッド」という仕組みにより、実質的には手数料を支払うことになります。

41　仮想通貨取引所は扱うNFT銘柄で選ぶ

国内にも多数の仮想通貨取引所があります。それぞれ販売所と取引所の有無、扱っている仮想通貨の銘柄、取扱銘柄の総数、入金／出金手数料、日本円の入金方法、提携する銀行などが事業者ごとに違います。仮想通貨取引所の事業者選びはNFTを始めるときの最初の一歩です。

仮想通貨取引所は、新たな仮想通貨を販売したり、逆にそれまで扱っていた特定銘柄の販売を止めることもあります。新たに追加することを「上場」、止めることを「上場廃止」と呼びます。それぞれの事業者は、数多くある仮想通貨の中から独自の判断で銘柄を選定しています。

事業者を選定する際の最優先事項は、自分が欲しい銘柄を扱っているかという点です。取扱銘柄の総数が多いからといって、自分が欲しい銘柄があるとは限らないので注意しましょう。

「ETHのみを買いたい」という場合は、事業者選びでそこまで慎重になる必要はありません。国内事業者の大部分がETHを扱っているからです。ただし、先ほども述べたように販売所ではETHを扱うが、取引所では扱わないという事業者もあります。販売所と取引所の対応状況を事前にチェックしておくことが大切です。

「ETHとAXS（アクシーインフィニティ）の両方が欲しい」という場合は、両方を扱っている事業者を選びます。2023年3月時点であれば条件に該当するのはビットバンクです。ビットバンクはENJ（エンジンコイン）やMATIC（ポリゴン）、DOT（ポルカドット）、SAND（サンド）も取扱っています。ビットバンクはNFT銘柄の取扱いが豊富です。とはいえ、同じ銘柄がずっと取扱っているとは限りません。場合によっては上場廃止になることもあるので、常にほかの事業者の状況をチェックしておくことも重要です。GMOコインはXTZ（テゾス）とSOL（ソラナ）、ビットポイントはKLAY（クレイトン）をそれぞれ扱っています。

1つの事業者では欲しい仮想通貨がそろわないこともあります。その場合は、複数の事業者の口座を作って仮想通貨を分散管理します。分散管理することは、事業者が閉鎖するなどで被る損失のリスクを軽減できるというメリットもあります。ただ、複数の口座を持つことで管理の大変さも増すので、作り過ぎには注意してください。

なお、国内の事業者が扱っていない銘柄も数多くあります。それらの銘柄が欲しい場合は海外の事業者の口座を作り、そこにETHを送金してから交換します。ETHを送金する理由は、海外事業者の口座の多くが日本円の入金に対応していないためです。

42 仮想通貨の出し入れには専用財布が必要

仮想通貨取引所（取引所）で購入した仮想通貨は、口座内にある「ウォレット」に保存されます。ウォレットとは、仮想通貨やNFTを一括管理するための電子財布のことです。コインチェックのようにマーケットプレイスが取引所に併設されている場合は、ウォレットの資金でNFTを購入できます。

取引所にマーケットプレイスがなかったり、取引所以外でNFTを購入したい場合は、取引所から仮想通貨を持ち出すためのウォレットを別途用意します。持ち出し用のウォレットに仮想通貨を入れておけば、外部のマーケットプレイスで買い物ができます。そのためには取引所のウォレットから持ち出し用のウォレットに資金を移動させます。

持ち出し用のウォレットの種類を大きく分けると「ホットウォレット」と「コールドウォレット」の2つがあります。両者の違いは「秘密鍵」の保存場所です。ホットウォレットは秘密鍵をPCやスマホ、ウェブのいずれかに保存します。一方のコールドウォレットはオフライン環境に秘密鍵を保存します。

秘密鍵とは特殊な文字列によって生成された解除用の鍵のことで、「公開鍵」で暗号化された通信を復号化するために使います。公開鍵は銀行口座の口座番号のようなもので、相手から送金してもらうために使います。一方の秘密鍵は暗証番号のようなものです。万が一、秘密鍵を他人に知られてしまうと、勝手に仮想通貨を使われたり別の口座に送金される恐れがあります。

ホットウォレットはPC内に秘密鍵を保存する「デスクトップウォレット」、スマホ内に保存する「モバイルウォレット」、ウェブ上に保存する「ウェブウォレット」の3つがあります。いずれのウォレットも常時ネット接続されていれば利用可能で、端末の種類や使用場所を選びません。一方、コールドウォレットと比べると不正アクセスやウイルス攻撃の対象になりやすいというリスクもあります。

コールドウォレットは、専用の小型端末に秘密鍵を保存する「ハードウェアウォレット」と、秘密鍵を紙に書き出して保存する「ペーパーウォレット」があります。オフライン環境で秘密鍵を管理しているので、ホットウォレットのように素早く仮想通貨を使うことができませんが、不正アクセスされるリスクを最小限に抑えられます。

43 ホットウォレットの代表格であるメタマスク

NFTの保有者に最も広く普及しているウォレットが「メタマスク」です。メタマスクは海外製のホットウォレットの1つで、イーサリアムのブロックチェーンに関連する仮想通貨やNFTを一括管理できます。国内外のマーケットプレイスやNFTゲームの多くがメタマスクに対応しています。デスクトップウォレットとモバイルウォレットの2つがあり、どちらも操作画面のメニューは日本語化されていて使い勝手は良好です。

メタマスクが標準管理できる仮想通貨は、イーサリアムのメイン通貨であるETHのほか、MATICやSANDなどの「ERC－20」規格で作られた仮想通貨です。それらの通貨は管理するだけでなくメタマスクの「スワップ」機能で相互交換できます。例えば、ETHをスワップしてMATICに交換したり、逆にMATICをETHに交換したりもできます。ERC－20以外の仮想通貨を管理したい場合は、メタマスクが管理対象とするブロックチェーンを手動で追加します。ただし、SOLやXTZのように非対応の仮想通貨もあります。それらを管理するには、メタマスクとは別のウォレットを使います。メタマスクだけでは仮想通貨をすべて管理できるわけではないので注意してください。

PCでメタマスクを使う場合は、ウェブブラウザの拡張機能（アドオン）として提供されているものを使います。アドオンはクロームやエッジ、ファイヤーフォックスなどの主要なウェブブラウザに対応しています。また、スマホ用のアプリもあり、PCとスマホのウォレットを連携させることで共用ウォレットとしても利用可能です。

PC用のアドオンをインストールする場合は、公式サイトのリンクからウェブブラウザのアプリストアを開きます。そこでアドオンをインストールし、セットアップ段階でメタマスクのパスワードを登録します。このパスワードが他人に知られると秘密鍵が漏れる恐れがあるので厳重に管理してください。

セットアップの途中で「シークレットリカバリーフレーズ」という12個の英単語をメモします。シークレットリカバリーフレーズは秘密鍵を生成するために使うので、こちらも他人に漏らしてはいけません。紙にメモし誰にも見られない場所に保管してください。セットアップが終わるとメタマスクが有効化されます。以降はパスワードを入力してログインするとメタマスクを使えます。

44 コールドウォレットで秘密鍵を安全に管理

大量の仮想通貨や高額のNFTを保有していると、メタマスクのセキュリティに不安を感じる人もいるかもしれません。それなら、メタマスクとハードウェアウォレットを連携させるといいでしょう。そうすることでメタマスクを単体で使うよりもセキュリティを強化できます。

ハードウェアウォレットを使う目的は、秘密鍵の保存場所をオンライン環境からオフライン環境に移すことが目的です。オフライン環境に移すことで、万が一PCが第三者から不正アクセスを受けたとしても、秘密鍵が盗まれるという最悪の事態を防げます。

ハードウェアウォレットに秘密鍵を移すには、メタマスクのシークレットリカバリーフレーズ（リカバリーフレーズ）をハードウェアウォレットに登録します。ハードウェアウォレットは元々、独自のリカバリーフレーズが割り当てられていますが、メタマスクのリカバリーフレーズで上書きします。

ハードウェアウォレットはPCのUSB端子に接続して使います。事前に設定したPINコードを入力することで認証され、PCからアクセスできるようになります。ブルートゥース接続に対応するハードウェアウォレットの場合は、PCとワイヤレス接続することも可能です。PINコードは端末固有のパスワードのようなもので、他人に漏らしたりしてはいけません。

ハードウェアウォレットはレジャーの製品を選ぶといいでしょう。基本機能を備える「レジャーナノエスプラス」は1万2000円前後、液晶画面搭載でブルートゥス接続が可能な「レジャースタックス」は4万円前後です。利便性の違いで価格差はありますが、どちらも安全に秘密鍵を管理できます。

不正改造された製品や偽物が存在しているので注意が必要です。それらは危険なウイルスが仕込まれていて、PCがウイルス感染してしまうと秘密鍵や仮想通貨が盗まれる最悪の事態に陥ることもあります。使い始めの段階でPINコードが登録されていた場合は危険です。必ず正規品を扱うショップで購入してください。

45 2段階認証でセキュリティを強化する

暗号通貨取引所（取引所）のアカウントは、自分で決めたIDとパスワードを入力して認証されると、自分の口座の管理画面を開けます。他人に口座を使われないようにするにはセキュリティ強化が必要です。それには取引所が提供する「2段階認証」の機能を利用するといいでしょう。

2段階認証は「2要素認証」「ツーファクター認証」とも呼ばれ、取引所でログインする際に、パスワードのほかに確認コードなどの別の方法を加えて本人確認をする方法です。ログイン作業を2段階にしてセキュリティ強化を図っています。最近ではウェブサービスのアカウントやネットバンキングでも2段階認証が使われています。

2段階認証の確認コードは使用するたびにランダムな数字が生成され、利用者本人のみが知れるように送られてきます。利用者本人以外が確認コードを知ることは原則できません。よって他人が盗んだパスワードを入力して1段階目を突破したとしても、確認コードがわからずに2段階目で失敗します。

不正が行われたことを早期発見できるというメリットもあります。1段階目を突破されたときに、本人が取引所を使っていないにも関わらず確認コードが届くため、すぐに不正利用されていることに気付けます。覚えがない確認コードが届いた場合は、すぐにパスワードを変えるなどの対策をしてください。

確認コードの取得方法は、スマホのSMS（ショートメッセージサービス）やメール、グーグルやマイクロソフトなどが配布するスマホ用の認証アプリ（トークンソフト）を使うのが主流です。取引所は複数の取得方法を提供しており、好きな方法を選べます。

SMSで2段階認証をする場合は、パスワードの入力後に数文字の確認コードがスマホに届くので、コードを入力してログインします。認証アプリの場合は、登録した取引所の認証コードが定期的に変更される仕組みで、アプリに表示されたコードを時間内に入力します。いずれの方法でも入力する文字列を間違えないように注意してください。

46 無料でNFTがプレゼントされるギブアウェイ

NFTを買わずに無料で手に入れる方法もあります。それは「ギブアウェイ」という無料でNFTをもらえるプレゼント企画に応募することです。ツイッターなどのSNSでは多数のギブアウェイの企画が実施されており、応募して当選するとNFTがもらえます。

ギブアウェイは、作者が自分の作品を多くの人に認知してもらうために実施した企画です。応募するには条件があり、主に作者のツイッターアカウントをフォローしたり、当該ツイートをリツイートしたりします。作者の認知度アップに貢献することがＮＦＴをプレゼントされるための条件です。

ギブアウェイで当選した場合は、もらったＮＦＴをコレクションに加えるだけでなく、作者が許可していれば二次販売することも可能です。二次販売で売れた場合は、作者にもロイヤリティとして売上金の一部が支払われます。ギブアウェイはプレゼント企画でもあり、作者にとっては収入を得るための方法でもあります。

ただし、ギブアウェイの詐欺が横行しているので注意が必要です。当選者に偽のＮＦＴを送り付けてウイルス感染させようとしたり、ＮＦＴや仮想通貨を騙し取ろうとしてきます。詐欺被害に遭わないためには、怪しいギブアウェイ企画を自力で見抜けるようにすることが大切です。極端にツイッターのフォロワー数が少ない人のギブアウェイには手を出さないのが無難でしょう。

第5章

メタバースの基本

47　メタバースは誰でも参加できる仮想空間

ＮＦＴと同様に、２０２０年以降に大きな話題となっているのが「メタバース」です。メタバースは３６０度の３ＤＣＧで作られたバーチャル空間（仮想世界）の総称として広く浸透していますが、実は厳密な定義が決まっているわけではありません。ＰＣやスマホ、ＶＲゴーグル上に表示される仮想空間で自分の分身である「アバター」を操作し、ほかのユーザーとの対話やゲーム、ショッピングをしたりできます。これから詳しく解説していきますが、最初のうちは「誰でも自由に参加できるバーチャルで表現されたもう１つの世界」と考えておくといいでしょう。

メタバースが注目された背景には、コロナ禍での対外的なコミュニケーションの変化が挙げられます。行動制限によって自宅時間が長くなると、家族や友人とはメールやＬＩＮＥ、ＳＮＳ、チャットサービスなどのテキストベースでの会話が多くなりました。ＬＩＮＥでのやり取りが増える一方で、直接顔を合わせながら対話する機会が大幅に減りました。対話することとテキストベースのコミュニケーションは、トレードオフの関係にあるのかもしれません。

メタバースはアバターを介してコミュニケーションをするため、知り合いと同じ場所、同じ時間を共有しながらの対話ができます。インターネット上にあるスペースなので、相手が世界中のどこにいても集まることが可能です。コミュニケーション手段は声での対話やチャットのほかに、ボディーランゲージに対応するメタバースも多くあり、アバターの顔の表情や身振りや手振り、ボディータッチなどで相手に感情を伝えられます。もちろん、相手がアバターを介して感情を伝えてくることもあります。メタバースでは、声や顔の表情、身振り手振りを合わせたリアルなコミュニケーションができるのです。

メタバースは新たな経済圏としても注目を集めています。多くの企業がメタバース上にショップを出店し、現実と同じように商品を販売しています。ショップではアバターの装飾品のようにメタバース上で使えるアイテムのほかに、現実世界で着用できる衣服や装飾品、生活雑貨なども販売されています。

実店舗でのショッピングとネットショッピングを掛け合わせたようなユニークな販売方法も実施されています。ショップの店員がメタバースに参加し、店員のアバターとして接客をするというもの。利用者は実店舗でのショッピングと同様に、詳しい商品説明をしてもらいながら買い物ができます。

与えられたコンテンツを消費するだけでなく、自分でコンテンツを作成して販売できる仕組み（UGC）があるのもメタバースの魅力です。ゲームを制作してほかのユーザーから利用料金を得たり、アバターの衣装を販売して売上金を得たりすることができます。メタバースは個人がビジネスをするスペースとしても活用されています。

48 メタバースの語源は海外のSF小説

メタバースの語源は、ＳＦ作家のニール・スティーヴンスン氏が１９９２年に発表した小説「スノウ・クラッシュ」だと言われています。小説内では「メタ（超越した）」と「ユニバース（世界／宇宙）」を掛け合わせた造語としてメタバースが登場します。メタバースは２０２０年以前までは聞き馴染みがなかった用語でしたが、意外と古くから存在していたのです。

スノウ・クラッシュは「サイバーパンク」や「ポストサイバーパンク」と言われるＳＦ小説の一種です。執筆当時には存在していなかったテクノロジーやネットワークを主軸とした想像上の近未来が描かれています。日本では１９９８年に初めて出版され、２０２２年に上下巻の文庫版が復刊されています。

小説内のメタバース（メタヴァース）の描写は、今のメタバースを予見していたかのような描写が数多くあります。例えば、メタバースそのものの存在については、「コンピューターの作り出した宇宙であり、ゴーグルに描かれた画像とイヤフォンに送り込まれた音声によって出現する世界」と説明されています。「コンピューターの作り出した宇宙」というのは3DCGで作られた仮想世界、「ゴーグルに描かれた画像」というのは、VRゴーグルに映し出された映像であると容易に想像できます。「アヴァターは、使っているマシンの能力が許すかぎり、どんな姿かたちにもすることができる」と、メタバース上では自由にアバターを選択できるとも言及されています。

さらに驚くべきことは、土地を購入したり建造物を作ったりするという描写がある点です。メタバース上で土地を持つことは、その世界での富の象徴であると解説されています。これと同じことがメタバースゲームの「ザ・サンドボックス」や「ディセントラランド」などで実現しています。両者はワールド内の土地をNFTにして販売しています。

スノウ・クラッシュのメッセージは、世界的なＩＴ企業やメタバースサービスの創設者に影響を与えています。２０００年代に登場した仮想世界サービス「セカンドライフ」を開発したフィリップ・ローズデール氏は、スノウ・クラッシュの影響を受けて仮想世界のサービスを思い付いたと言われています。グーグル創業者のラリー・ペイジ氏、オキュラスＶＲ創業者のパルマー・ラッキー氏は作品のファンであることを公言しています。

49　メタバースを実現させるための7つの要素

メタバースの厳密な定義はないと説明しましたが、自分なりの定義を唱えている人は複数います。その1人である投資家のマシュー・ボール氏の見解が広く支持されています。ポール氏が2018年に執筆したブログには、メタバースを実現するには以下の7つの要素が必要だと述べられています。

①永続的であること

サービスが途中で停止したり終了したりせずに、無期限で継続する

②同期的であること

現実世界と同様に、メタバース上でもリアルタイムな体験ができる

③同時接続するユーザー数に制限がないこと

1つのメタバース空間に多数のユーザーが同時接続して参加できる

④経済活動ができること

メタバース上で仕事をして賃金を得たり、お金を使って商品を購入したりできる

⑤現実世界とメタバースの垣根がなくなること

メタバース上で現実世界の契約をするなど相互にまたがる体験ができる

⑥相互運用性があること

特定のメタバースのプラットフォームに縛られず、異なるプラットフォームに移動したり通貨やアバターなどを共有できる

⑦誰でも参加できること

メタバースは個人でも組織でも利用でき、自由にコンテンツを作成できる

右記したマシュー・ボール氏の定義はメタバースの理想とも言えますが、実現が難しい部分もあります。その1つが①の永続性の問題です。特定の企業がメタバースを提供する「クローズドメタバース」は、サービスを半永久的に続けることは難しく、経営判断によってサービスが終了することもあり得ます。以降でも説明しますが、半永久的にサービスを続けるためには、中央集権型から脱却した「オープンメタバース」への移行が必要と考え

られています。
③の同時接続の実現にも大きな障壁があります。１００人や１０００人が同じ空間に同時接続することに問題はありませんが、10億人が同時接続できるようにするには既存のホストコンピューターやネットワーク、サーバーの性能では不十分です。メタバースを発展させるには技術革新が必要不可欠となっています。

50 メタバースの起源は80年代の「ハビタット」

仮想世界サービスは、メタバースの語源であるスノウ・クラッシュの以前からあります。実はインターネットが普及するずっと前の１９８６年から仮想世界サービスは存在していたのです。ここではその歴史を振り返っていきます。

仮想世界サービスの始祖といえるのが、１９８６年にコモドール64向けに開発された

「ハビタット」です。ハビタットは、ネットワーク上の仮想都市に複数のプレーヤーが同時にアクセスし、2Dのアバターを介してプレーヤー同士でチャットができるというもの。1990年には国内版として、パソコン通信のニフティサーブの会員向けに「富士通ハビタット」が開始されました。当初は富士通製のFMタウンズのみ対応でしたが、後からウィンドウズ版やマック版も提供され、1999年までサービスが継続しました。

2000年代になると「セカンドライフ」が注目を集め、報道などで仮想世界サービスの存在が一般にも広く認知されるようになりました。セカンドライフは3DCGによって作られた仮想世界で、仮想通貨（リンデンドル）を使った独自の経済圏を導入しました。国内の企業も実験的にセカンドライフに参加し、仮想世界に広告動画を流すなどの販促ツールとして利用しました。最盛期の2007年の時点で、全世界の登録ユーザー数が400万を越えたとも言われています。

ところが、その後しばらくしてセカンドライフは失速しました。オンラインゲームのように決められたミッションが与えられるわけでもないので、「何をしていいのかわからない」という不満が多くなったためです。仮想世界の自由度の高さが逆に仇となりました。新規ユーザーの登録も鈍くなりました。参加するには3DCGを描画するためのハイスペックなPCと、大量のデータを送受信するための高速なインターネット環境が必要だったためです。PCやネットが低速であることが原因でサービスを開始できないという人が続出しました。セカンドライフは一般層に受け入れられず、一過性のブームとなりました。

セカンドライフのブーム後は、仮想世界サービスの存在は鳴りを潜めていましたが、新たな起爆剤となったのがエピックゲームズの「フォートナイト」です。フォートナイトは最大100人のプレーヤー同士が戦うバトルロイヤルゲームですが、仮想空間としてのサービスも充実しています。フォートナイト内で開催されたトラヴィス・スコット氏の音楽ライブは約1230万人を動員しました。これまで作成されたアカウント数は5億を超え、仮想世界およびメタバースプラットフォームを牽引する存在となっています。

VR機器を装着して楽しむことが想定された「ソーシャルVR」サービスも2010年代以降に増加しました。海外勢の「VRチャット」、国内勢の「クラスター」「XRクラウド」などがあり、その中でもVRチャットでは「VRマーケット」のような大規模イベントが定期開催されており、毎回多くの企業やユーザーが参加しています。

51 フェイスブックの社名変更で今後どうなる？

2021年にフェイスブックの社名を「メタ・プラットフォームズ（通称：メタ）」に変えたことも、メタバースが大きな話題を集めた理由です。CEOのマーク・ザッカーバーグ氏は社名変更の際の声明で、同社の基幹サービスであるSNSを継続させつつも、今後メタバースに注力する姿勢を明確にしました。ザッカーバーグ氏は、メタバースの領域に年間100億ドルを投資すると宣言。SNSを軸にして世界的企業へと成長を遂げた同社でしたが、ここへ来てメタバースという新たな領域へと大きく舵を切ったのです。ここまでのメタの歩みを見ていきましょう。

フェイスブックは、ザッカーバーグ氏がハーバード大学の在学中の2004年に創業し、同名のSNSサービスを開始しました。当初はハーバード大学の学生に限定してサービスを提供していましたが、次第に全米の大学や若年層などへと対象者を広げていきました。2006年に一般公開し、29億人以上のユーザーが利用するSNSへと成長しました。企業としては米国の巨大IT企業を指す「GAFAM（ガーファム）」の一角となり、2021年には時価総額が1兆ドルを突破し、ザッカーバーグ氏は世界長者番付の常連となりました。

企業買収も積極的に実施しました。写真・動画共有サービスの「インスタグラム」やメッセージングサービスの「ワッツアップ」などを買収して傘下に収めました。買収前のインスタグラムは売上高がほぼない状態でしたが、フェイスブックの傘下になってからは売り上げを大きく伸ばしており、フェイスブックはソーシャルメディア企業として盤石の体制となりました。

メタバースの領域に大きく踏み込んだきっかけは、2014年にVRゴーグルを開発するオキュラスVRを買収したことです。その当時、ザッカーバーグ氏は「新しいコンピューターのパラダイムシフトが起こる」と述べ、PCやスマホに次ぐハードウエアがVRゴーグルであることを強調しています。それからハードウエアの開発を推し進め、スタンドアローン型のVRゴーグル「メタクエスト2（旧名：オキュラスクエスト2）」や、レイバンと共同開発したARスマートグラスなどを事業として展開しています。

2021年には「ホライゾンワールド」でメタバースのプラットフォームにも進出。ハードウエアとメタバースプラットフォームの両方がそろい、その後もメタバースの事業を推し進めています。

52 メタバース体験にVRゴーグルは必須ではない

メタバースを実体験するためには、VRゴーグル（ヘッドマウントディスプレイ＝HMD）やPC、スマホなどの端末を使います。「メタバースにはVRゴーグルが必須なのでは？」と思うかもしれませんが、決してそういうわけではありません。PCやスマホで体験可能なメタバースも数多くあります。初めてメタバースを体験する場合は、PCかスマホを使うといいでしょう。

ＶＲゴーグルを使うメリットは、仮想世界での体験をより没入感があるものにすることができる点です。没入感が高いと仮想世界に入り込んでいるような感覚になります。ＶＲゴーグルを装着すると現実世界の風景が遮断され、３６０度に広がる仮想世界をアバター視点で疑似体験できます。ＰＣやスマホのメタバースは、液晶ディスプレイ上でアバターをマウスや指でタッチして操作するというもので、手軽に体験できますが没入感はＶＲゴーグルよりも劣ります。


ＶＲゴーグルは装着者の動きをリアルタイムでアバターに反映できるという特徴もあります。例えば、ＶＲゴーグルを装着して顔を左に向けると、その動きと連動してアバターも左に向き、右手を上げればアバターの右手も上がります。その場で立ち上がればアバターも立ち上がるし、周囲を歩けばアバターも歩きます。

このように体の動きをアバターに反映できるのは、ＶＲゴーグルの「トラッキング」という機能によるものです。トラッキングは追跡するという意味で、ＶＲゴーグルの内蔵センサーまたは外付けセンサーを利用し、装着者の頭と顔、手、足の動きを検知し、リアルタイムでアバターに反映させます。頭の動きのみをトラッキングすることを「3DoF（スリードフ）」、頭と体の動きをトラッキングすることを「6DoF（シックスドフ）」と呼びます。どちらのトラッキングに対応しているかは利用する端末によって異なります。

手や指の動きは、専用のコントローラーを使ってトラッキングするのが一般的です。ただ、コントローラーを使わずにVRゴーグルのセンサーでトラッキングできるモデルもあります。

53　初めてのVRゴーグルはスタンドアローン型がお勧め

ヘッドマウントディスプレイ（VRゴーグル）の種類を大きく分けると、スタンドアローン型、PC接続型、スマホ挿入型の3タイプがあります。その中で最も旬なのはスタンドアローン型です。このタイプを1台持っているだけで没入感の高いメタバースを簡単に体験できます。

スタンドアローン型とはPCへの接続と外部センサーが不要で、単独で動作するVRゴーグルのことです。頭脳となるプロセッサー（SoC）やトラッキング用のセンサーを内蔵しています。このタイプはメタのエントリー向けの「メタクエスト2」が最も普及していますが、そのほかにHTC製の「バイブフォーカス3」「バイブXRエリート」、ピコ製の「ピコ4」があります。メタクエスト2やピコ4のように5万円程度で買えるモデルもあり、導入のハードルもそれほど高くありません。

スタンドアローン型の魅力は使い勝手の良さです。本体からPCに伸びるケーブルがなく、頭や体を激しく動かしても、足をケーブルに引っかけてしまう心配がありません。外部センサーの設置が不要で、比較的狭いスペースでも使えます。携帯性にも優れており、VRゴーグルを持ち出して出先で使うことも可能です。メタバース用途で使うならスタンドアローン型で間違いありません。

PC接続型は、PC用のVRアプリを利用するためのVRゴーグルです。本体にはプロセッサーを内蔵せず、PC側のプロセッサー（CPU）ですべて処理し、USBケーブルでVRゴーグルにデータをストリーミングで送信します。PCの本格的なVRを体験できる一方でPCのハードウエア要件が高く、ある程度の3DCGを滑らかに動かすためには、高性能なCPUやグラフィックスを搭載したPCを用意する必要があります。

VRゴーグルの用途が一般的なメタバースの利用範囲である場合は、PC接続型である必要はそこまでありません。ただ、アバターとの動きを完全にシンクロさせるためには、外部センサーを使うPC接続型と、体の手足などに取り付けてトラッキングする専用機器を使います。

PC接続型のモデルはバルブ製の「バルブインデックス」や、HTC製の「バイブプロ2」「バイブコスモス」などがあります。外部センサーとセットで10万円台後半と高く、VRゴーグルと同程度の価格のPCも必要になります。PC接続はしませんが、ソニー製でプレイステーション用の「プレイステーションVR2」も同じタイプです。こちらはPCの代わりにプレイステーション5にケーブル接続して使います。

スマホ挿入型は、スマホをゴーグルにセットするタイプのVRゴーグルです。主にVR

映像を楽しむためのもので、メタバースや本格的なＶＲゲームの用途には向きません。スマホ用のメタバースは「ゼペット」や「ロブロックス」のように、スマホ単体で動作するタイプが主流。スマホ挿入型は、あくまでＶＲ映像を視聴するためのＶＲゴーグルという位置づけです。

54 ＰＣ接続もできる「メタクエスト２」

スタンドアローン型の「メタクエスト２（以下、クエスト２）」をもっと掘り下げていきましょう。クエスト２は２０２０年10月にメタ（当時はフェイスブック）が発売したクエストシリーズの２台目モデルです。価格は内蔵ストレージが１２８ＧＢで５万９０００円前後、２５６ＧＢで６万４０００円前後（２０２３年３月時点）。

クエスト２が人気の理由は、価格が手ごろなところに加え、スタンドアローン型でありながら「クエストリンク」機能でPC用のVRアプリも利用できることです。クエストリンクはPCとクエスト2をUSBケーブルで接続して実行します。クエストリンクによってクエスト2の対応アプリが大幅に増え、「スチームVR」のアプリも利用できます。

クエストリンクを無線化する「クエストエアーリンク」という機能もあります。クエストエアーリンクは、PCのVRアプリのデータをWi-Fi経由でクエスト2に送信し、ケーブル接続なしでPCのVRを体験できるようにするというもの。ただし、大容量のデータをPCから送るため、Wi-Fiの通信が遅いと画質低下や遅延が発生することがあります。利用するなら家庭内の通信環境の整備が必須で、Wi-Fi6（11ax）対応のルーターを使うのが望ましいとされています。なお、PCとルーターのネットワーク接続は基本的に有線に限られています。PCとルーターを無線接続して使うことも技術的には可能ですが、アプリの動作が不安定になることがあります。

クエスト2はPC接続型のお株を奪う形となり、クエスト2発表のタイミングでPC接続型の「オキュラスリフト」の製造を終了することがアナウンスされました（翌年に製造終了)。その結果、メタのVRゴーグルはスタンドアローン型のみになり、その後に開発されたエンタープライズ向けのMRゴーグル「メタクエストプロ」もスタンドアローン型を踏襲しています。

なお、2023年後半にはクエストシリーズの最新モデル「メタクエスト3」が発売される見込みです。メタクエスト3は、本体前方のカメラで現実世界の映像を取り込み、実写と3DCGを重ね合わせた複合現実(MR)の体験ができるようになるとされています。メタクエスト3がMRの技術を取り入れることで、新たな体験ができることに期待が高まるばかりです。

55 現実世界にデータを融合させる「ARメタバース」

メタバースが構築できる対象は、仮想世界だけではありません。現実空間にデジタルを融合させた「ARメタバース」を作り出すことも可能です。

ARは、スマホやスマートグラスのカメラ機能で現実の風景を取り込み、画面上にキャラクターや文字情報などのデータを重ね合わせる技術です。現実の風景にキャラクターが存在しているかのような映像を作り出せます。ARはデータを使って現実世界を拡張するので、「拡張現実」とも呼ばれています。

ARメタバースは現実の風景をベースにするので、仮想世界を舞台とするVRのメタバースと違った楽しみ方ができます。例えば、ARを活用したスマホゲームの「ポケモンGO」は、普段からよく散歩している公園にARのモンスターが出現します。モンスターを集めるために、近所を歩き回ったり遠出したりすることもあります。VRのように家にこもるのではなく、積極的に外に出るというのがARメタバースの発想の原点です。

ポケモンGOの開発元であるナイアンティックは、ARメタバースに対して積極的です。同社は「リアルワールドメタバース」という目標を掲げ、ARメタバースの構想を推し進めています。逆にVRに対しては「仮想現実のメタバースに豊かさを求めても意味がなく、むしろディストピアに向かってしまう」といったような懐疑的な見方をしています。同社CEOのジョン・ハンケ氏は「テクノロジーを使って拡張現実の『現実』に寄り添うことができるはずだ」と、ARメタバースの意義を強調しています。

ARメタバースの普及のカギとなるのは位置情報の精度です。取得する位置情報に誤差が生じてしまうとARを正確に表示できないからです。スマホは一般的にGPSで位置情報を取得していますが、高層ビルに挟まれた見通しの悪い場所や、屋内などの電波が届きにくい場所にいると大きな誤差が生じてしまいます。衛星から電波を受信するという都合上、仕方のないことです。

そんな中で注目されている技術が「VPS」です。VPSは、カメラの映像や画像を3D地図と照らし合わせて位置情報を取得するため、スマホの位置と向きを正確に割り出すことが可能です。VPSが構築された環境であれば、屋内のようにGPSの電波を受信しにくい場所でも正確に位置を検出できます。VPSの運用で難しいのは、サービスの提供元が精密な3D地図を用意する必要があることです。課題を解決することにより、VPS

はARメタバースの発展に大きく貢献すると見込まれています。

56 普段は男性でもメタバースでは女性にしてもOK

メタバースは現実世界と異なるもう1つの世界であり、アバターはもう1つの自分です。アバターに対してセルフプロデュースをするために、個性的な洋服や装飾品を身に付けたり、動物やロボット、モンスターなどの人型以外のアバターを選ぶ人もいます。現実とアバターの性別を一致させる必要はなく、男性が女性のアバターを使うことも何ら問題ありません。メタバースでは性別を逆転させることも許容されています。

男性がメタバース上で美少女のアバターにすることを「バ美肉（ばびにく）」と呼ぶことがあります。バ美肉は「バーチャルな美少女の姿を受肉（手に入れる）する」を略した造語（スラング）です。バ美肉を扱う男性の中には女性らしさを追求し、女性っぽい声を出せるように練習をしたり、ボイスチェンジャーで男性の声を女性に変えたりすることもあります。仮想世界でも男性が女性になりきるためには、それなりの努力や投資が必要になるわけです。

男性が女性になることに憧れたり、女性のような振舞いをすることも現代社会では珍しいことではありません。ネット上では男性が女性になりきろうとする「ネカマ行為」は古くからあり、女性に見えるハンドルネームで掲示板に書き込んだり、女性のような言動や振舞いをしたりする人もいます。掲示板やSNS、オンラインゲームなどの匿名性の仕組みを利用したもので、人を騙すために性別を偽っていることもあります。掲示板などでネカマ行為をよく目撃していた人は、その存在自体にネガティブなイメージがあるかもしれません。

一方のバ美肉のユーザーは、現実世界の自分が男性であることを公言することが多いのが特徴です。VRチャットではバ美肉を許容しているユーザーが多く、あまり警戒されることもありません。むしろ公言することで好意的に取られることもあります。バ美肉が存在することが当たり前となりました。

57 仮想世界でも高所にいると足がすくむのはなぜ？

メタバースで体験できることは、技術上の問題で目で「見る」こと、口で「話す」こと、そして耳で「聞く」ことに限られます。しかし、メタバース上で活動をしていると「動物の匂いがした」「食べ物の味がした」「他人に触れられた」などの感覚を得られることがあります。メタバース上では本来体験できないことが、なぜか疑似体験できてしまう不可解な現象のことを「ファントムセンス」や「VR感覚」と呼びます。

ファントムセンスが起こる原因は、VRゴーグルによる没入感で脳が誤認識するためと言われています。例えば、仮想世界でビルの上から地面を見下ろしたとき、本当に高所にいるのではないかという錯覚が起き、恐怖を感じたり足が震えてすくんだりします。高さが1m程度ならさほど怖いと感じませんが、10mだと怖いと感じます。現実と同じような感覚で恐怖心を抱いてしまうようです。

当然ですが、メタバース上でアバターが高所から落ちたとしても、衝撃を受けたり痛みを感じたりはしません。身体に衝撃をフィードバックさせるには、アバターの衝撃を連動させるための機器を装着する必要があります。

ファントムセンスの感じ方には個人差があります。ソーシャルＶＲ参加者を対象としたアンケート調査「ソーシャルＶＲ国勢調査２０２１」によると、ＶＲ空間上で高いところから落ちるときの落下感は、回答者の90%が感じたことがあるとのことです。ほかにも耳元で囁かれたときの吐息を感じたことがある、触られてくすぐったくなった、と感じたことがある人も多いようです。

メタバースでの高所体験は、高所恐怖症の克服法になると注目されています。「認知行動療法」と呼ばれるもので、少しずつ恐怖の段階を引き上げていくことで、少しずつ怖さに慣れていくという療法です。実際に現地に行かなくても高所を体験できるためＶＲゴーグルが治療に活用されています。

58 メタバースが現実世界の代替となるのか

現実世界でできることがどの程度メタバースに置き換えられるのか、気になることでしょう。もしも置き換えられることが多いようなら、現実世界で過ごす時間を減らし、その分をメタバースで過ごすという考え方も成立します。

代替となり得るのはＳＮＳです。韓国のネイバーＺが提供する「ゼペット」は、アバターを介したＳＮＳがＺ世代を中心に人気を集めています。ＳＮＳの参加者は、自身のアバターがポーズをしたりダンスをしたりして、その様子を写真や動画に収めて公開しています。「ティックトック」や「インスタグラム」のアバター版のような使われ方です。アバター作成用に４００万点以上のパーツが用意されており、個性的なアバターを作成できることも人気を後押ししています。

オンライン会議の代替手段としてもメタバースは注目されています。マイクロソフト創業者のビル・ゲイツ氏は、オンライン会議用のツールがビデオ会議アプリからメタバースに移行すると述べています。定番のビジネスツールとなったビデオ会議アプリが完全になくなるとは考えにくいですが、不便に感じることが多いのも事実です。ビデオ会議アプリは、会議中に特定の人と話をしようとするとメンバー全員に丸聞こえになってしまうのが厄介です。メタバースでの会議であれば、アバター同士が近付くことで、ひそひそ声での会話ができます。

条件付きで置き換えられるのが食事会やお茶会、飲み会などです。飲み食いする料理やお酒などは自分で用意する必要はありますが、参加メンバーの集合場所をメタバースにすることもできます。メタバースの飲み会は時間的な制約が少ないのが魅力的です。例えば、仕事を終えてから飲み会の場所まで足を運ぶ必要もなく、自宅にいながら参加できます。自由に動き回って近くにいる人と話せるので、リアルに近い飲み会を体験できます。

メタバースに置き換え可能な例をいくつか挙げましたが、食事による栄養補給や排せつなど事実上置き換えができないことも数多くあります。メタバースといえど万能ではなく、一部が代替可能になると考えるとよいでしょう。

59「メタバースはもうオワコン?」は大間違い

「もうメタバースのブームは沈静化した」「セカンドライフのように一過性の盛り上がりだった」と思っている人がいるかもしれません。その原因の1つは、メタバース業界を牽引するはずであったメタ社に、ネガティブなニュースがあったことだと考えられます。

そのニュースは、メタ社が社運を賭けた「ホライゾンワールド」の利用者が想定より少なく、メタバース内が過疎化していると指摘したもの。報道したウォール・ストリート・ジャーナルによると、ホライゾンワールドの月間アクティブユーザーは、2022年10月時点で20万人に満たないとのこと。また、「誰もいない世界は悲しい世界だ」と書かれたメタ社の自虐的な社内文書が見つかったことも明かされています。提供地域を絞った限定公開の段階ですが、ホライゾンワールドはユーザー獲得に苦戦を強いられているようです。

ホライゾンワールドが不人気なのは、魅力的なコンテンツが乏しいからとも指摘されています。メタバース内にある1万を超えるワールドのうち、50人以上が訪れたことがある場所がわずか9％に留まり、「メタバース内にいても行きたい場所がない」というのが多くのユーザーの思いのようです。サービスを利用するのにメタ製のVRゴーグルが必須であることも、参加者の間口を狭める要因となっています。そのほかにもクリエイターが自作アイテムを販売した際に、売上金の半数近くを手数料として取られることも批判を集めました。

ホライゾンワールドのスタートは順風満帆とはいきませんでしたが、将来的には多くのユーザーがメタバースに参加し、メタバースの市場規模が拡大するのは間違いないでしょう。それを裏付けるためのデータがいくつか公開されています。調査会社のグランドビューリサーチによると、2030年のメタバースの世界市場は2022年の474億ドルから15倍近く増え、6788億ドル（約9兆1352億円）になると見込まれています。大手コンサルティング会社のマッキンゼー・アンド・カンパニーのレポートによると、2022

年はメタバース業界にとって厳しい1年であったとしながらも、2030年までには5兆ドル（約673兆円）の規模に拡大すると予測しています。5兆ドルというのは日本国内のGDP（国内総生産）とほぼ同額です。

国内のメタバース市場も世界市場に追随する見込みです。三菱総合研究所によると2025年の市場は4兆円規模、2030年は24兆円規模への成長が期待できるとしています。しかも、その期間は本格的なメタバース経済圏の準備段階であり、2030年代中ごろには、さらなる発展があるとしています。

市場規模の拡大は、ショッピングやエンターテインメント、医療、ヘルス、教育などの消費者向け分野、製造業、卸売、資源、証券／投資、通信、運輸などのビジネス向け分野に対し、メタバースが広く浸透する必要があります。そして、もう1つカギとなりそうなのは、メタバース内で個人が成果物を作って収入を得ることです（UGC）。ミニゲームやアイテムを自分で制作して利用料金を稼ぐなどの仕組みを整備することは、メタバースプラットフォームの提供側にとっての必須事項となりそうです。

60 モバイルのメタバースに人気が集中するワケ

これまでのメタバースの歴史で、最もユーザー数を獲得したプラットフォームは「フォートナイト」です。全世界で5億人以上のユーザーが参加しています。VRゴーグルで没入感のある仮想世界を楽しんでいる層は一定数いますが、端末の所有者ならスマホやPCの足元にも及びません。VRゴーグルでのメタバース体験は敷居が高いことも事実です。フォートナイトはスマホ向けのサービスとしても力を入れたため、多くのユーザーを獲得できました。

フォートナイトは基本プレイ無料で楽しめるゲームですが、ゲームを有利に進めるためのアイテムを販売しない方針にしています。お金を払ってもキャラクターを強くできないのは、使えるお金が少ない若年層やライトユーザーでも楽しめるための施策の1つです。課金の有無によってゲームの有利不利を左右しないのがフォートナイトの特徴とも言えます。

フォートナイトのメタバース戦略は「クリエイティブモード」の導入によって加速しま

した。クリエイティブモードは、プレーヤーがオリジナルの島を作成し、訪問したほかのプレーヤーと一緒に遊べるようにしたゲームモードです。車のレースやアスレチックなどのミニゲームを設置したり音楽を聴けるようにしたりなど、各プレーヤーのやりたいことを実現できます。作成した島には独自のコードが割り当てられ、コードを知っていれば簡単に訪問できます。

エピックゲームズの主な収入源は、アバターに着せるコスチュームへの課金によるもの。ゲーム内でコスチュームは「スキン」と呼ばれており、多くのユーザーがスキンを購入したり、限定スキンを得るための月額課金サービスである「バトルパス」を購入したりしています。なお、フォートナイトは、ゲームを通じてプレーヤーが収入を得ることはできません。アカウントやアイテムの売買は運営元の利用規約で禁止されています。NFT化されたアイテムや土地を売買して現金化できるNFTゲームとは性質が大きく異なります。

スマホで拡大したもう1つのメタバースは「ロブロックス」です。国内ではそこまで馴染みはありませんが、全世界では1カ月に2億人のアクティブユーザーがおり、1日で

5600万人がプレイしたこともあります。特に若年層から支持されており、米国では16歳以下の半分がロブロックスをプレイしたことがあると言われています。

ロブロックスはほかのユーザーが制作したゲームをプレイしたり、自身がゲームを制作して公開できるプラットフォームです。ユーザーが作成するゲームの開発が加速しており、連日1万5000のコンテンツがマーケットプレイス上に投稿されています。開発ツールの「ロブロックススタジオ」は基本無料で公開されており、誰でも自由にゲーム制作を始められます。ゲームを作るためのプログラミングの知識は必要になりますが、プログラミング学習をしながら制作を進めるのもいいでしょう。単純なゲームであればプログラミングの知識がなくてもテンプレートを使ってのゲーム制作が可能です。

ロブロックスは制作したゲームを公開し、収入を得ることができます。この点はフォートナイトとは異なります。ゲーム内で使えるアイテムを販売し、それをほかのプレーヤーが購入して「ロバックス」という専用通貨を得て、ロバックスを現金に換金するという仕組みです。アイテムはゲームをコンティニューする権利や、ステージセレクトなどさまざまでです。また、アバターの衣装を作成して販売することも可能です。ただし、現金化するには10万ロバックス以上を所有するなどの条件があります。

モバイル化の波は確実に広がっています。国産メタバースの「クラスター」は、リリース時点でスマホ版はありませんでしたが、後からスマホでも利用可能になりました。ホライゾンワールドも近い将来、スマホ版をリリースすることが明かされています。

61 オープンメタバースは持続性がある真のメタバース

現状のメタバースプラットフォームのほとんどは、特定の企業が運営しています。こういった一社提供で完結するメタバースを「クローズドメタバース」と呼びます。クローズドメタバースは、各社がしのぎを削ってサービスの向上を図ることで、より使いやすいメタバースが提供されるようになります。

クローズドメタバースの課題は、サービスの持続性（永続性）が不透明であることです。マシュー・ボール氏が示すようにメタバースは半永久的に持続可能な空間であることが求められますが、クローズドメタバースのサービスがいつまで続くかは運営元の判断次第です。思った以上の収益を上げられなかったり会社が倒産してしまったら、ユーザーの意に介さずサービスが終了してしまうこともあります。万が一サービスが終了した場合は、メタバースにログインすることができなくなり、所有していた貴重なアイテムなどの〝資産〟が無価値なものになってしまいます。サービス終了というリスクが常に付きまとうクローズドメタバースに対し、永続性を求めることは難しいのかもしれません。

クローズドメタバースが終了した場合でも、継続して資産を持ち続けられることもあります。それはNFT化されたアイテムです。NFTの情報はサービス終了後もブロックチェーン上に記録されます。そのまま思い出として保有してもいいですし、ほかに欲しい人がいるようならマーケットプレイスで販売することも可能です。

既存のサービスであるクローズドメタバースに対し、新風を巻き起こす存在となるのが

「オープンメタバース」です。名称のオープンというのは開かれたという意味で、複数のプラットフォームを相互乗り入れできるようにするというのがオープンメタバースの基本的なコンセプトです。オープンメタバースでは、メタバースAで獲得したアイテムをメタバースBにも持ち込めたり、どちらのメタバースでも同じアバターを使えるようにしたりできます。これを実現するには、企業間でのデータの共通化を図ることが求められます。

そしてもう1つ重要なのが、特定の企業による中央集権のサービスではなく、管理者が存在しない仕組みの上で成り立たせることです。特定企業の管理下から離れることで、企業の業績によってサービスの存続が左右されることもなくなります。ブロックチェーンを活用し、管理者が不在のインターネット環境を目指す「Web3」のメタバースとも呼ばれています。

近い将来オープンメタバースは実現すると言われています。フォートナイトのエピックゲームは積極的な姿勢を見せています。自社のアバターを別のゲームでも使えるようにしたいという狙いがあるようです。一方で、アップルやメタなどの巨大IT企業はオープンメタバースに対して消極的です。両者は自社のプラットフォームにユーザーを囲い込み、ユーザーが売買したアイテムの手数料を独占しようとしているためです。巨大テック企業のメタバースの考え方に注目する必要があります。

第6章

メタバース活用と「未来」

62 音楽ライブが進化！ エンタメ業界の可能性

メタバースと音楽ライブは非常に相性がよいジャンルです。バーチャル空間でアーティストの単独ライブやイベント、たくさんのアーティストが一堂に会する音楽フェスが開催されています。「バーチャルライブ」は音楽業界やエンターテインメント業界の新たな収入源となっています。

メタバースでのライブが活発化した背景には、コロナ禍に現実世界での音楽ライブやイベントが激減したことがあります。エンターテインメント業界を分析するぴあ総研の算出によると、２０１９年は音楽ライブやスポーツイベントの市場の収益が約６３００億円だったのに対し、２０２０年はライブの中止や延期によって8割減まで縮小しています。２０２１年になると厳しい規制が若干緩和されたものの客足の戻りは鈍く、２０１９年の半数の水準までの回復に留まっています。２０２２年は５０００億円を上回り、２０２３年は２０１９年とほぼ同水準になる見込みです。

音楽ライブの市場が急激に落ち込む中で市場を賑わせるようになったのが配信ライブです。会場でのライブ映像がストリーミング配信されるライブ配信は、自宅にいながらＰＣやスマホ、ＶＲゴーグルなどで視聴します。市場規模は２０２０年が４４８億円、２０２１年が５１２億円と増え（いずれもぴあ総研の算出）、新たなライブ鑑賞の手段として定着しつつあります。配信ライブは現実世界のライブを配信するものと、バーチャル空間でライブをするバーチャルライブがあります。

バーチャルライブに参加する醍醐味は、アーティストやほかの参加者と同じ空間、同じ時間を共有できることです。自宅にいても現実世界の会場にいるような一体感を感じられます。アーティストのパフォーマンスを見ながらアバターが踊ったり、ほかの参加者のアバターとハイタッチしたりなどの自由な楽しみ方ができます。会場内は座席指定がなく、好きな場所に移動しながらステージを見ることができます。プラットフォームによってはライブを盛り上げるためのアイテムが用意されており、サイリウムを振ったりオンライン送金（投げ銭）したりできます。

バーチャル空間を活かしたアーティストのパフォーマンスも魅力です。アーティストがアバターで出演する場合は、本人の動きと連動してアバターが歌ったり踊ったりします。これはモーションキャプチャー技術で本人の動きをフルトラッキングすることで実現しています。楽曲の世界観に合わせて巨大化したり透明化するなどの演出をすることもあります。なお、実写のライブの場合はアバターのような自由度の高い演出はできないので、仮想ステージなどに設置されたスクリーンにパフォーマンスを映し出すのが一般的です。

ステージ演出は、現実のライブでは不可能な派手な演出を盛り込めます。屋内のステージで花火を上げたり、高層ビルの屋上や海中、宇宙などのステージの場所も自由に切り替えられます。サンリオピューロランドは、現実世界とバーチャル空間のショーを同時開催する試みを実施しています。バーチャル上で現実世界のショーを映し出すなど双方が連動するショーになっています。

バーチャルライブの開催場所は「VARK」「NeoMe」などの音楽ライブに特化したプラットフォームもありますが、既存のメタバースプラットフォーム内でも盛んに行われています。「ロブロックス」や「ディセントラランド」では、ライブ会場にいながらミニゲームをプレイできるなど、音楽ライブとゲームを融合させた楽しみ方を提供しています。

63 オフィスの移転先がメタバースになるかも⁉

コロナ禍でリモートワークが推進されてからは、働きに来る人が少なくなったため、オフィスを撤廃しようとする動きも出てきました。ただ、社員同士が顔を合わせる場所がなくなると、チームのコミュニケーションがしづらくなるという問題もあり、完全リモートワークの課題が浮き彫りになっています。それらの問題を解決するために、メタバース上に仮想オフィスを構えるという企業の新たな取り組みも本格化しています。現実世界のオフィスを完全に撤廃し、メタバースに移転するという企業もあります。

リモートワークの課題の1つとして挙げられるのは、社員同士の立ち話や雑談が少なくなったことです。雑談から新しいアイデアや企画が生まれることは少なくありませんし、業務で困っていることの相談もできます。ただ、リモートワークをしているときに、電話や音声通話で「ちょっといいですか？」と聞くのはなるべく避けたいと思うでしょう。また、スケジュール登録してビデオ通話をするにしても、ミーティング用のURLを発行し、相手にメールやチャットで送るという手間が発生します。

仮想オフィスはオンラインでありながら、現実世界のオフィスと同様に社員同士が顔を合わせ、雑談しながら共同作業ができる場所です。物理的な距離は離れていますが、各人のアバターを通じてチームメンバーが一緒にいるかのような感覚で業務に取り組めます。

メタバースのオフィスで立ち話や雑談ができるのは、アバター同士が特定の範囲内にいるときだけ相手の声が聞こえる仕様になっているためです。相手のアバターに近付くと声が聞こえ、そこから少し離れると声が小さくなり、範囲外まで離れると完全に聞こえなくなります。業務中の人との距離を範囲外になるまで空けていれば、声を出しても邪魔になることはないでしょう。相手が今何をしているのかをステータス表示で〝見える化〟できるのも特徴です。ステータスを見て取り込み中のようなら、「今は忙しそうだし、後で話しかけよう」というような対応ができます。

64 メタバースで都市開発や災害をシミュレーション

現実世界を忠実に再現するために作り出した仮想世界のことを「ミラーワールド」や「デジタルツイン」と呼びます。ミラーワールドは、現実世界を鏡に映したような瓜二つの世界を意味しています。一方のデジタルツインは、ミラーワールド上でシミュレーションを行い、得られた結果を現実世界で利活用しようとする仕組みを指します。デジタルツインはシミュレーション用途に限定していますが、メタバースの１つの形と言えます。

デジタルツインは都市開発や災害対策、医療、製造業などあらゆる分野で活用され始めています。市場はメタバースと同様に年々拡大すると予測されており、２０２２年の市場規模は69億ドルだったのが、２０３０年には約１３００億ドルに達すると言われています。

都市開発の活用ではシンガポールの取り組みが有名です。シンガポールでは、国土全体をデジタルツインにするスマートシティ計画「バーチャル・シンガポール」を実施しています。デジタルツインに人流や気象情報などのデータを重ね合わせ、シミュレーションによって得られたデータを都市開発や渋滞緩和、災害時の対応などで活用しています。製造業もデジタルツインが注目する分野の1つ。仮想世界上での試作品の開発やテストを実施し、僻地や遠隔地の状況把握、試作品にかかるコストや製作時間の計算、機械部品の劣化や故障の予測などに利用しています。自動車メーカーのBMWは、自社工場を丸ごとデジタルツインで再現して自動車開発に役立てています。

正確なシミュレーションを実施するためには、現実世界とデジタルツインを常に同期状態にする必要があります。同期していないと、シミュレーション時に誤った結果がフィードバックされる可能性があるからです。古いデータではシミュレーションの精度が低くなるため、常に最新の状態になるようにリアルタイムでデータを反映させる必要があります。

デジタルツインへデータを反映させるのに不可欠な技術が「IoT（Internet of Things）つまり、モノのインターネット」です。IoTはセンサーやロボットなどの機器（モノ）をネット接続し、データをリアルタイムに送信します。ただ、デジタルツインに蓄積されるビッグデータを処理できないと、高精度な分析や予測ができません。

そこで、ディープラーニングによって進化する「ＡＩ（人工知能）」を活用し、高精度かつ効率的にデータを解析しています。なお、デジタルツインとよく一緒に語られているのが「サイバーフィジカルシステム（ＣＰＳ）」です。サイバーフィジカルシステムは、ＩｏＴ機器が収集したデータを送信し、仮想世界で分析して得られた結果をＩｏＴ機器に反映させるという一連のサイクルのことを指します。サイバーフィジカルシステムはデジタルツインとＩｏＴを包括する存在です。

65　現実とメタバースが交錯する「デジタルツイン渋谷」

国内でもミラーワールドやデジタルツインの活用が広がっています。ここではＫＤＤＩの「デジタルツイン渋谷」を紹介します。

ＫＤＤＩは、渋谷駅周辺のスクランブル交差点などの街並みを仮想世界で再現する「バーチャル渋谷」サービスを２０２０年から実施しています。バーチャル渋谷は、現実世界の渋谷から収集した地図データや写真データを利用して仮想の渋谷を再現し、音楽ライブやトークショーなどのエンターテインメント体験を提供する場として活用しています。毎年開催されているハロウィーンイベントは延べ130万人が参加しました。

バーチャル渋谷は大規模なミラーワールドの事例ですが、KDDIはバーチャル渋谷の知見を活かし、デジタルツイン渋谷を2023年夏に公開する予定です。デジタルツイン渋谷は、現実世界の渋谷と仮想世界の渋谷にいる参加者が、互いにコミュニケーションできる場となることを目指しています。

具体的には、現実世界と仮想世界という異なる空間にいる参加者が、互いの姿を見たり会話したりできるようにします。仮想世界では現実世界の渋谷にいる参加者を映し出せるようになります。現実世界からはARアプリを使ってスマホの画面越しで仮想世界の渋谷にいる参加者を表示させます。

デジタルツイン渋谷は、実在するアパレルショップを仮想世界に再現し、仮想空間でショッピングをできるようにする見込みです。現実世界のショップの内装や照明、導線、陳列やポップなどの販促物をそのまま再現します。ＩｏＴ機器を使わなくても、現実世界の様子を仮想世界に反映させる仕組みを搭載しています。スマホで店内の商品を写真撮影して送信すると、仮想世界に商品の情報を反映させることができるのです。仮想世界のショップは現実世界のスタッフのアバターが常駐しているため、スタッフからの接客を受けられ、商品について直接質問したり、指差しなどのジェスチャーで気になっている商品をスタッフに伝えることができます。

なお、東京都でも「スマート東京」の実現に向けて２０１９年よりデジタルツインの開発に取り組んでおり、２０３０年からの本格運用の開始を目指しています。デジタルツインで道路やオフィスの流動人口の可視化、時間経過による日照や風況の変化のシミュレーションなどを実施しています。

66 コンテンツ活用がメタバースの参加者を増やすカギ

「大好きなアニメやゲームの世界に入り込んでみたい」と思ったことは、誰もが一度ぐらいはあるのかもしれません。RPGの世界でモンスターと戦ったりキャラクターと握手をしたりという体験もメタバース上なら実現可能です。将来的にはメタバースでコンテンツを楽しむことが常識になりそうですが、既存のコンテンツ（IP）をメタバースに活用しようとする動きも出始めています。

企業側がコンテンツを活用するメリットは、コンテンツを支持するファンがメタバースを始める動機になることです。そもそもメタバースは目的が設定されていないため「どのプラットフォームを始めればいいかわからない」となりがちです。では、ディズニーランドのアニメ映画を再現したメタバースがあったとしたらどうでしょうか。映画の世界に入り込み、シンデレラ城を訪れたりミッキーやミニーなどの人気キャラクターと触れ合えるというなら、すぐにでもメタバースを始めたいと思う人は多いでしょう。コンテンツは、メタバースのユーザー数を大きく伸ばす足がかりになることは間違いないでしょう。

コンテンツ業界で早くからメタバースに注目しているのはサンリオです。サンリオが開催するメタバースのフェスでは、ハローキティやポムポムプリン、マイメロディなどのキャラクターとメタバース上で会えます。また、メタバース上での舞台公演も連日行っています。サンリオは経営の立て直しの際に、サンリオピューロランドの敷地を拡張するよりも低予算でできる事業としてメタバースに白羽の矢が立ったそうです。サンリオ以外ではバンダイナムコグループがガンダムファンのためのメタバース「ガンダムメタバースプロジェクト」を開始すると発表しています。プラモデルとゲーム、アニメ、音楽の各ジャンルのファンをつなぐ仕組みを取り入れるとしています。

既存のメタバースプラットフォームが人気コンテンツを取り込もうとする動きもあります。ＮＦＴを活用したメタバースゲームの「ザ・サンドボックス」は東映アニメーションとの協業を実施。ドラゴンボールや美少女戦士セーラームーン、ワンピースなどの東映アニメーションが管理するコンテンツをメタバース上に展開する方針です。

67 自宅にいながらメタバースで旅行を体験

メタバースは観光業界での活用も進められています。主な活用方法は、観光地を仮想世界で再現し、自宅にいながら観光スポットを巡るというもの。仮想世界では好きな方向を見渡せられるので、空を見上げたり海を見下ろしたりなど、実際に現地に行くことに近い体験ができます。悪天候になることもないので、雲が多くて景色が見えなくてガッカリすることもありません。

メタバースで観光するメリットは、実際に現地に行くよりも費用を大幅に抑えることができる点です。交通費や宿泊費、施設への入場料などは必要なく、無料もしくは1000円~3000円程度で体験できます。観光業者が主催するツアーの場合は、添乗員や現地ガイドから観光地の説明を受けたり質問をしたりできることもあります。旅行前の現地の下調べに活用するのもいいでしょう。旅行先の様子を「グーグルストリートビュー」などの地図サービスで調べることはあるでしょう。グーグルストリートビューで見られるのは平面的な画像ですが、メタバースの場合はあらゆる角度から現地の様子を見られます。

ただし、メタバース観光が発展途上の段階では、訪れられる場所が限られてしまうという難点があります。観光地のミラーワールドを作成するのは費用対効果が未知数な部分があり、しばらく様子見してから判断したいという自治体も多いでしょう。観光事業の拡大にメタバースが貢献することがわかれば、地域や代理店がメタバース化を積極的に進めていくことでしょう。

メタバース観光は、遠出することが難しい高齢の方や、障害を抱えている方が旅行を楽しめるようにしたい、という福祉業界からの期待も寄せられています。VRゴーグルやスマホを使うことで、寝たきりになったとしても実際に観光地に行ったような感覚を味わえるからです。メタの日本法人は、高齢者向けのバーチャル旅行を広めるため、国内の地方自治体と連携し、観光名所などの映像を福祉施設に提供するとしています。

メタバースの旅行を手軽に体験したいのであれば、「バーチャルOKINAWA」を利用してみるといいでしょう。首里城や国際通り商店街の様子を3DCGで忠実に再現しており、その世界でアバターが歩き回れます。無料ながら定期的にアップデートされており、2023年1月には沖縄の海をイメージしたビーチエリアも実装しています。ショッピングサイトとも連携しており、沖縄の名産品を買うことも可能です。

メタバースならタイムトラベル（時間旅行）を体験することも可能です。「宝島」は、仮想世界上に昭和時代の飲み屋街を再現し、その当時の雰囲気を感じられるようにしています。岐阜市は織田信長が築いた当時の岐阜城や城下町を再現し、2023年度中に一部を公開する予定で開発を進めています。

68 新たな学びの場を実現するメタバースの可能性

学習分野でもメタバースが大きな変革をもたらしそうです。メタバース上で学習するメリットは教材を３Ｄ化することで、これから学ぼうとする対象が写真やテキストよりもイメージがしやすくなることです。歴史上の建造物や絶滅した生物、地球や月などをメタバース空間上に出現させ、それをあらゆる角度から見ることができます。メタバースの教材で学ぶことは、写真とテキストのみの教材よりも記憶の定着率が高いとも言われています。

角川ドワンゴ学園の通信制高校であるＮ高等学校／Ｓ高等学校では、メタバース学習を教育課程に幅広く盛り込んでおり、ＶＲゴーグルを装着して３Ｄデータ化された教材を見ながら学習を進めています。メタバース学習を積極導入する「普通科プレミアム」の生徒全員にＶＲゴーグルを学校側が配布しています。学習以外でもメタバースを活用しており、生徒同士の交流会も「ＶＲチャット」や「レックルーム」などで実施しています。

メタバースのクリエーターを目指せる学校として、2023年4月に新たに開校されたのが「MEキャンパス」です。仮想世界を作るための演出やプログラミングなどのメタバースクリエーターに特化した学習カリキュラムを提供します。各生徒にはキャンパスライフをサポートする対話型AIのアバターが配布されるなど、先進的な取り組みが行われています。

不登校の生徒の学びの場としてもメタバースが注目されています。文部科学省の不登校に関する調査によると、全国の小中学校で2021年に30日以上を欠席した生徒は24万4000人超となり、過去最多となりました。コロナ禍による環境変化が大きな影響を及ぼしたとも言われていますが、9年連続で増加していることもあり、深刻な事態が懸念されています。先生と合わないなどの理由で不登校になった生徒に対し、メタバースで不登校支援プログラムを提供するNPO法人もあります。イー・ラーニング研究所の調査によると、9割以上の保護者が学習のメタバース活用に期待を寄せており、そのうちの7割が「不登校の子供の支援」と回答しています。メタバースが不登校生徒の支援に期待されていることがうかがえます。

69 アバターで婚活！ メタバースの恋愛事情

現実世界に近い感覚で交流ができるメタバースは、男女の出会いの場になるのかも気になるところです。ＳＮＳやゲームはオンラインで出会い、連絡先を交換して恋愛に発展することは少なくありません。同じ時間を過ごして親睦を深められるメタバースは、恋愛に発展しやすいと思うでしょう。

メタバースの仕組みに落とし込みやすいのは婚活サービスです。アバターを通じて対話をしながら交流するタイプの婚活イベントは、顔出しをせずに参加できるのが特徴です。顔出しをして相手と会話をするタイプの婚活イベントと異なり、内面のみの情報で親睦を深められます。実際に行われた婚活イベントの参加者からは、「外見を気にしなくていいのであまり緊張しなかった」「敷居が低くて参加しやすいと感じた」などの好意的な声が多く寄せられたそうです。ＡＩを使ったマッチングが組み合わされることで、さらなる利用者の拡大が期待されています。

メタバースは遠距離恋愛の新しい形を生み出しています。物理的な距離が離れていて頻繁に会いに行くのが難しい場合でも、電話やビデオチャットで交流はできます。しかし、それらとの明確な違いは、メタバースでは擬似的にデートができることです。キレイなビーチや都会的なワールドはデートスポットとしても活用できます。メタバースによって、現実世界と仮想世界を組み合わせたハイブリットな遠距離恋愛ができるのです。

なお、VRチャットではアバター同士が恋人関係になることを「お砂糖」と呼ぶこともあります。お砂糖というのは砂糖のような甘い関係という意味で、逆に恋人関係を解消することを「お塩」と呼びます。あえて恋人という表現を使わないのは、お砂糖がVRチャット内に限定したパートナー契約としての意味合いが強いためです。現実世界の性別を重要視しない、メタバース上の恋人関係であるが現実での恋人関係ではない、お砂糖関係になったことをSNSで報告するなど、VRチャット内の独自文化として成り立っています。

70 メタバース課も誕生！ 仮想世界で地域活性化

地方自治体が地域の魅力をアピールするためにメタバースを活用する事例が増えてきています。仮想世界で観光スポットを見て回れるイベントなどを実施し、地域に興味を持ってくれる遠方の人を増やし、現実世界の観光で足を運んでもらうことが狙いです。また、若年層がメタバース技術の開発に携われるようになるための人材育成プログラムを提供し、定住者の増加と人口流出を防ごうとする施策を行う自治体もあります。

鳥取県は県内の観光地のアピールにメタバースを活用し、全国の自治体で初の「メタバース課」を立ち上げました。メタバース内に作られた架空の部署であるメタバース課は、鳥取県の観光地と鉄腕アトムがコラボしたデジタルトレーディングカードを展示した「ご当地アトムNFT（鳥取県）ギャラリー」を開設しています。ギャラリーはメタバースアプリの「XANA」からアクセス可能です。また、イナバの白ウサギの神話にちなんだAI搭載のキャラクター「八上姫（やがみひめ）」と会話を楽しめるサイトも公開しています。

鳥取県ではメタバースの利用者に地域をアピールし、「メタバース関係人口」を増やしたいという狙いがあります。

夏と冬に開催されている仮想世界の大型マーケットイベント「バーチャルマーケット」に自治体が出展し、ふるさと納税の返礼品をPRするケースも増えています。大阪府の泉佐野市のブースでは、3Dデータの焼き肉を体験できるコーナーを設置し「肉の泉佐野」をアピール。泉佐野市はふるさと納税でNFTを返礼品にするなどWeb3領域の活用にも積極的です。静岡県の焼津市はネギトロやカツオのたたきなどの地場産品を展示しています。どちらの自治体も、ブースから返礼品のサイトにアクセスし、その場で寄付ができるようにしています。

熊本県の天草市は、地域創生のためのメタバース人材を育てる施策を打ち出しています。施策では、高校生から参加可能なエンジニアの育成、メタバース上での接客や案内の指導などを実施します。地域が一体となってメタバース開発に取り組み、観光地のメタバース化を実現させる方針です。

71 メタバース内の求人募集「アバターワーク」とは？

メタバース需要が高まるにつれ、プラットフォームやコンテンツの開発者の人材育成が進み、メタバース業界で仕事をする人は多くなるでしょう。それとは別に、メタバース内で労働するという新たな働き方が注目を集めています。仕事場所はメタバース空間内ですが、現実世界と同様に働いた分の収入を得られます。これまでメタバース上でのゲーム開発やＮＦＴの売買でお金を稼げるという解説をしましたが、従業者となってお金を稼ぐこともできるのです。

メタバース内で労働することを「アバターワーク」「バーチャルワーク」と呼び、従業者のことを「アバターワーカー」「バーチャルワーカー」と呼びます。アバターワーカーは自宅からＰＣやＶＲゴーグルでメタバースにアクセスし、アバターを操作して仕事をこなします。自宅にいながら仕事ができるリモートワークの新たな形がアバターワークです。

募集されている求人で多いのは、メタバースで開催されたイベントに訪れた人をサポートするための接客スタッフです。一般的に広いスペースを使ったイベントは、会場内で困っている来場者を案内するスタッフが必要になるのは現実世界もメタバースでも同様です。しかし、メタバースの案内スタッフは、来場者へのイベント内容の説明や会場内の道案内のほかに、VRゴーグルやアバターの操作の手助けを求められることもあり、サポートするための知識が必要になります。現実世界の案内とは異なるスキルが必要になるため、普段からVRチャットなどのメタバースを利用し、メタバースで行動するためのノウハウを持つユーザーが案内スタッフを務めることが多いようです。

開発中のメタバースサービスやイベントのデバッグ業務もあります。テストプレーヤーになり、システムの不具合を見つけて報告します。サービスを先行体験できることもあり、楽しみながら仕事をできることが魅力です。

漠然とアバターワーカーになりたいと思い、求人情報誌を開いても仕事は見つかりません。Ｇｕｇｅｎｋａが運営するメタバース内求人サービスの「バーチャルワーク」を活用するといいしょう。バーチャルワークは登録制で、審査完了後にスキルに応じた仕事に応募できるようになります。ＶＲゴーグルの操作を熟知していない人でも、テスターやプロモーション活動などの応募可能な業務も用意されています。また、メタバースの導入を検討している企業の担当者が仮想世界を体験できるツアープログラムも実施しており、そこでもアバターワーカーが参加者をサポートしています。

72 大手通信事業者が描くメタバースの今と未来

大手通信事業者もメタバース事業に本腰を入れています。メタバースと高速通信回線の５Ｇと併せて提供することは相乗効果が大きいと考えられているからです。５Ｇとメタバースを活用しようとする企業の技術支援などをしています。自社サービスの開発にも積極的で、ＮＴＴドコモはメタバースプラットフォームの「ＸＲワールド」、野外でＡＲコンテンツをスマホ画面に表示させる「ＸＲシティ」、リアルタイムでバーチャルライブを実現できる「マトリックスストリーム」などを提供しています。

ＮＴＴグループのドコモはメタバース、デジタルツイン、ＸＲの３事業を牽引する新会社「ＮＴＴコノキュー」を２０２２年10月に設立しました。新会社に６００億円を投資し、ＮＴＴグループのメタバース事業を牽引し、サービスの開発のほかに自社製デバイスの開発を進めるとしています。

ドコモが新たに注力しているのが、同社が掲げる「メタコミュニケーション」の実現です。メタコミュニケーションは、次世代のコミュニケーションサービスという位置付けで、「共感や貢献といった価値交換」を通じて、参加者同士が交流することを目指しています。そして新たなメタバースプラットフォームの「ＭｅｔａＭｅ（メタミー）」をリリースしました。

メタミーは「アイデンティティワールド」と「コミュニティワールド」の２つのワールドで構成されたプラットフォームです。前者は自宅や庭などをカスタマイズして自分らしさを実現できる場で、後者はメタミーに参加する他者とのコミュニケーションができる場です。メタミーは交流のしやすさを重視しており、アバターが利用者の内面の価値観を示すオーラを全身にまとうことで、同じオーラの他者を探せるようにしています。
外部パートナーとの連携にも力を入れています。コミュニティワールド内には宝島ワンダーネットが提供するオンラインスクールサービスを開設。また、香川県・琴平町の金刀比羅宮を再現して、参拝できるようにしています。

ＫＤＤＩは先述の渋谷を再現したミラーワールド「バーチャル渋谷」を主導し、位置情報を連動させる「デジタルツイン渋谷」を提供。スマホ向けではメタバースを中心としたＷｅｂ３サービス群「αＵ（アルファーユー）」をスタートさせ、新たなユーザーを取り込む姿勢を見せています。ソフトバンクはＺ世代に人気の「ゼペット」にソフトバンクショップをオープンしたほか、同社のＮＦＴマーケットプレイスで購入したＮＦＴの保有者のみが参加可能なメタバースを準備しています。

73 メタバースのキス体験を現実に持ち込める⁉

メタバース空間上では、基本的には手に持ったコントローラーを操作して「モノを持つ」「ボタンを押す」などを実行しますが、実際にモノに触れているという感触はありません。メタバース上で触れたという感覚を人体にフィードバックすることを「ハプティクス」と言います。ハプティクスによって単体でVRゴーグルを使うよりもさらに没入感の高い体験ができるようになります。

既存のVRゴーグルを使ったハプティクスを実現するには、ゴーグルのほかにグローブやベストなどの専用デバイスを追加で装着します。グローブ型デバイスは、グローブの内部に手や指の動きを感知するセンサーを埋め込み、動きの情報をトラッキングしてアバターに反映させられる機器です。グローブを装着して手を動かすことで、アバターが手を伸ばしたりモノを掴む動作ができます。一部のVRゴーグルは手をトラッキングする機能を搭載していますが、トラッキング精度は専用デバイスのほうが格上です。

ハプティクス技術を搭載したグローブの場合は、アバターの手の感触を体験できます。感触を得られるようにするために、グローブ内にある小型モーターを振動させたり、内部を伸縮させて指を圧迫させたりしており、製品によってフィードバックの方法が異なります。どちらもアバターがモノに触れたことを感知するとフィードバックされる仕組みなっているので、ネットの障害による遅延がなければ、現実でモノに触れる感覚と近い体験ができます。

ベスト型デバイスはアバターの上半身の感覚をモーターの振動で実体にフィードバックするためのものです。メタバース以外にゲームでの活用が進んでおり、ガンシューティングゲームで相手から銃に撃たれたときや、ボクシングゲームでパンチを受けたときに振動が起きるようになっています。

口の感覚をフィードバックしようとする研究も進められています。ＶＲゴーグルに取り付けたデバイスが超音波エネルギーを口に照射し、アバターの唇や歯、舌の感触を再現するという技術のようです。この技術が今後実用化されるかは不透明ですが、口を対象としたトラッキング技術ができるようになれば、アバターが食事をしたときの感触やキスをしたときの感触を得られるようになるかもしれません。

74 においのデジタル化に踏み出す日本企業

五感の中で最も研究が進んでいないのが「嗅覚＝におい」と言われています。その原因は、人は空気中の粒子を鼻に吸い込んで脳がにおいを判別することができますが、電子機器は人と同様に粒子を認識することが難しいという理由からのようです。そのため、アバターが嗅いだにおいを現実世界でも体験できるようになるには、研究を進める必要がありますが、日本企業によって応用できそうな技術が登場してきていることも事実です。その具体例を見ていきましょう。

注目したい技術は、ソニーが開発した「におい提示装置」です。装置には40種類のにおいの発生源が内蔵されており、操作することでにおいを自由に切り替えられます。この装置が優れているのは、狭い範囲内でにおいを発し、においが周囲に拡散しないようにしていることです。また、高い密閉性と脱臭機能があり、装置内のにおいもすぐに除去できます。複数のにおいが混じり合うことがありません。開発したソニーは、におい提示装置を研究機関向けに販売し、その後は医療機関にも販路を拡大する方針です。さらに将来的にはエンターテインメント向けにも使いたいという考えがあり、メタバースへの応用が期待されています。

においをセンサーが検知する技術も研究が進められています。パナソニックはＡＩを活用し、呼気による個人認証ができるシステムの開発に成功し、20人の個人認証を97％以上で達成したと報告しています。これは「20者20様」のにおいを判別してデータベース化し、そこから各人を照合できるようになったことを意味しています。この技術を応用することで、相手のアバターの息のにおいを実際に感じられるようになることも現実味を帯びてきました。その需要は未知数ですが……。

75 メタバースと現実で味を共有！ 電気信号がカギに

メタバース開発では、嗅覚と同じぐらい再現が難しいとされているのが味覚です。メタバースと現実世界で同じ料理を食べることは簡単にできますが、それが双方で同じ味を体験しているわけではありません。普通はメタバース上の料理には味を求める必要がないからです。ただ、現実と仮想世界で同じ味覚体験ができるようになれば、仮想世界をもっと楽しめるようになるでしょう。

現実世界の料理の味をメタバースに反映させるのは、技術的にそこまで難しいことではありません。やるべきことは、現実世界の料理をデータ化してメタバースに反映させること、データ化された料理を食べたアバターがリアクションできるようにする機能を搭載することの2つです。例えば、現実世界のカレーをメタバースで再現する場合は、使っているスパイスの種類、辛みの成分、調味料などのメタデータを登録し、メタデータを基にしたカレーの3DCGを生成します。アバターがカレーを食べたときに辛いというリアクションができれば完ぺきです。

アバターがカレーを食べ、現実ではカレーを食べてないが、カレーの味を感じたい――。現実で食べずに、仮想世界の味を体験できるようにするのは容易なことではありません。しかし、食べ物の味を疑似的に再現させる「電気味覚」の技術によって実現できる可能性があります。電気味覚は、舌に直接電気信号を与え、塩味や酸味などを疑似的に再現させようとする技術で、１７００年代にはその存在があることが発見されています。

電気味覚の応用で注目されているのは、明治大学の宮下芳明教授によって開発された「味ディスプレイ」です。これは甘味、塩味、酸味、苦味、うま味を感じさせる電解質をゲル状に固め、それらを舌に触れさせた状態で電気を流すことで任意の味を再現するという技術です。この方法は舌に直接電気を流さず、イオンが舌に触れる量を制御して味を細かく調整しています。

76 仮想世界の嫌がらせ行為「メタハラ」の実態

メタバースの活用が広がりを見せる中で、メタバース内で起こるハラスメントが新たな問題となりつつあります。メタバース内でのハラスメント行為のことを「メタハラ」と呼び、現実世界と同様に相手を不快にさせる行為全般を指します。ＶＲゴーグルは没入感が高いという特徴がありますが、受けた不快な行為をよりリアルに体験できてしまいます。現実世界でダメな行為が仮想世界で許されるわけではありません。仮想世界でも良識ある行動が求められます。

メタハラはメタバース上でのさまざまな嫌がらせ行為の総称ですが、最も多いとされているのがセクハラ行為です。相手からボイスチャットを通じて卑猥な言葉を吐かれたり、アバターの後をしつこく付きまとわれたりします。アバターに極端に近付かれたり、直接触れられたりすることもあります。アバターに接触された場合、触れられたという感触が直接本人にあるわけではありませんが、行為によって不快な気持ちになることには変わりありません。

アバターの行動を邪魔しようとする迷惑行為もメタハラの一種です。例えば、アバター同士が椅子に座りながらゆっくり話をしているにも関わらず、耳障りに感じるような大きな音を発してきたり、間に入って視界を遮ろうとしたりします。そのほか、歩いているときにまぶしい光を当てられて邪魔をされたり、直接悪口を言われたりすることもあります。

ここまでメタハラについて解説しましたが、１つ付け加えたいのは「メタバースはメタハラが横行するような危険な世界ではない」ということです。ほとんどの参加者は良識があり、他者に対して思いやりのある行動を務めて行動しています。メタハラをしているのはごく一部のユーザーに限られます。

万が一のメタハラ被害に備えるなら、自己防衛のための対策を身に付けておくといいでしょう。メタバースのプラットフォームには、自身を守るための機能が用意されています。該当のアバターの声が聞こえなくなるようにミュートしたり、アカウントをブロックして姿を見えないようにするなどの対策ができます。

イースト新書Q

Q091

NFT《エヌエフティー》 & メタバース入門

石坂《いしざか》 勇三《ゆうぞう》

2023年5月8日　初版第1刷発行

発行人　永田和泉
発行所　株式会社イースト・プレス
東京都千代田区神田神保町2-4-7
久月神田ビル　〒101-0051
tel.03-5213-4700　fax.03-5213-4701
https://www.eastpress.co.jp/

カバーイラスト　shishitaro / PIXTA(ピクスタ)
ウーカ / PIXTA(ピクスタ

ブックデザイン　福田和雄（FUKUDA DESIGN）
印刷所　中央精版印刷株式会社

ISBN978-4-7816-8091-0